中小企業のための
新製品・サービス開発の極意

㈱スカイワード経営研究所社長
大竹 裕幸 著

発明推進協会

はじめに

　ご存じの方も多いと思いますが、近代的マネジメントの父として知られるピーター・ドラッカー氏は、経営の目的は唯一「顧客の創造」、そして経営の基本的な機能は「イノベーションとマーケティングの二つのみ」と、指摘しています。さて、読者の皆さんは、これらのドラッカー氏が経営でもっとも重要と指摘する三つのキーワードに共通するものは、いったい何だと思われますか。

　そうです。新製品・サービスの開発です。新製品・サービスの開発は、顧客の創造、イノベーション、マーケティングのいずれについても、その中核となる取組みです。企業にとって、新しい製品・サービスを開発して社会に提供することが、まさに経営の根幹でありその存在意義でもあります。

　一方、周知のことですが、国内の人口減少と高齢化は年を追うごとに加速しており、それに伴って「消費財」の市場は年々縮小しています。「生産財」の市場環境も、大企業の海外生産シフトやグローバル調達に伴って年々厳しくなっているのが実情です。「サービス」の市場についても状況に大差ありません。

　そして、これらの市場には、あなたの競合相手の製品・サービスが溢れています。しかるに、あなたの競合相手は、大企業と中堅・中小企業を問わず、出自が国内外を問わず、業種も同業種と異業種を問わず、新製品・サービスの開発に日夜必死で取り組んで市場に次々に投入しています。あなたの会社にとって市場での競争が減るどころか、逆にますます激しくなっているゆえんです。また、市場や顧客のニーズは刻一刻と変化しており、あなたの会社の製品・サービスがいつ陳腐化し競争力をなくして、売れなくなっても不思議ではありません。

　このような市場環境のもと、あなたの会社を今後も存続し成長・発展させていくには、あなたの会社でも、他社に決して負けない魅力のある新製品・サービスを次々に開発・考案して、顧客に購入してもらえるよう訴え続ける以外に道はありません。ヒト、モノ、カネ、情報、知的財産のいずれの経営資源も決して豊かではない中小企業にとって、それには大変な困難を伴うでしょう。しかしながら、繰り返しますが、今後も生き残っていくためには、将来にわたって成長し発展し

続けていくためには、他に選択肢はないのです。

　新製品・サービスの開発プロセスは、概ね下図の通りとなります。そして、その中では新製品・サービスの「アイデア開発」が全ての活動の原点となります。顧客にとっての新製品・サービスの良し悪しは、ひとえに優れたアイデアを開発できるかどうかにかかっています。優れた製品・サービスのアイデアの開発なくして、魅力的な新製品・サービスの開発は不可能だからです。

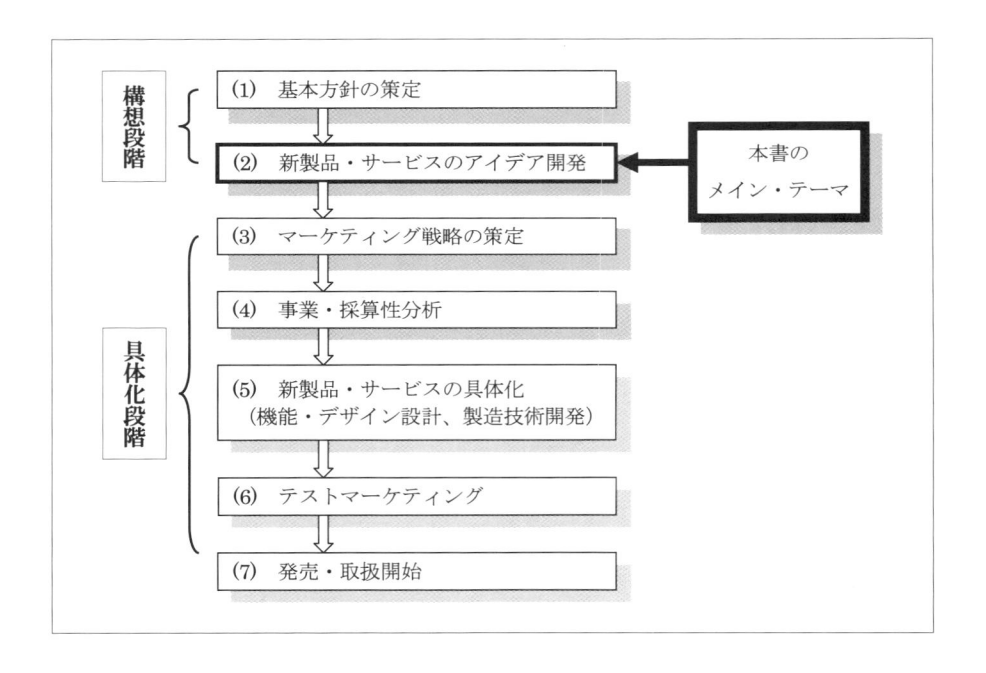

```
構想段階
 (1) 基本方針の策定
 (2) 新製品・サービスのアイデア開発 ← 本書のメイン・テーマ

具体化段階
 (3) マーケティング戦略の策定
 (4) 事業・採算性分析
 (5) 新製品・サービスの具体化
     (機能・デザイン設計、製造技術開発)
 (6) テストマーケティング

 (7) 発売・取扱開始
```

　書店には、マーケティングに関する書籍がたくさん並んでいます。しかし、それらの多くは、新製品・サービスの「アイデア開発」については、全体の一部としてごく簡単に触れているにすぎません。また、「アイデア開発」に焦点をあてた書籍もいくつか出版されています。しかし、それらの多くは、大企業の視点から書かれているように見受けられますし、また実践的な「アイデア開発法」の種類も限られているように思われます。そのため、筆者としては、中小企業の経営

者や新製品・サービスの開発担当の方々が、中小企業の視点から書かれており、分かりやすく、そして可能な限り多くの実践的な「アイデア開発法」を網羅した参考図書を必要とされているのではないかと、常日頃から感じてきました。これが本書を執筆した動機です。

　したがって、本書が、自営業を含む中小企業の経営者や新製品・サービスの開発担当者の方々のお役に少しでもたつことができれば、筆者にとって何よりの喜びです。また、商工会議所、商工会、地方銀行や信用金庫などの地域金融機関、税理士、経営コンサルタントなど、中小企業を日々ご支援されている方々、そして経営学やマーケティングを勉強中の学生さんなどにも読んでいただければ、大変幸いです。

　最後に、本書を著述するに当たり、多数の書籍を参考にさせていただきました。巻末の参考文献の一覧には、紙面の関係からその中の一部しか掲載できておりません。末筆で大変恐縮ですが、筆者が参考にさせていただきました高著を執筆されたすべての諸先学・先輩の方々に対して、ここに深い敬意と心からの感謝の気持ちを述べさせていただきます。
　また、本書の出版の機会をいただいた上に、編集をはじめとして全般にわたり多大なご指導を賜りました一般社団法人発明推進協会出版チームに、この場をお借りして心からお礼申し上げます。

2014年11月

大竹　裕幸

本書の構成

本書は、「個人向けの新製品（消費財）」、「個人向けの新サービス」、「法人向けの新製品（生産財）」、「法人向けの新サービス」の四つの領域でのアイデア開発をメイン・テーマとし、三つの部と七つの章から構成されています。

以下、下図に沿って、本書の構成について概略します。

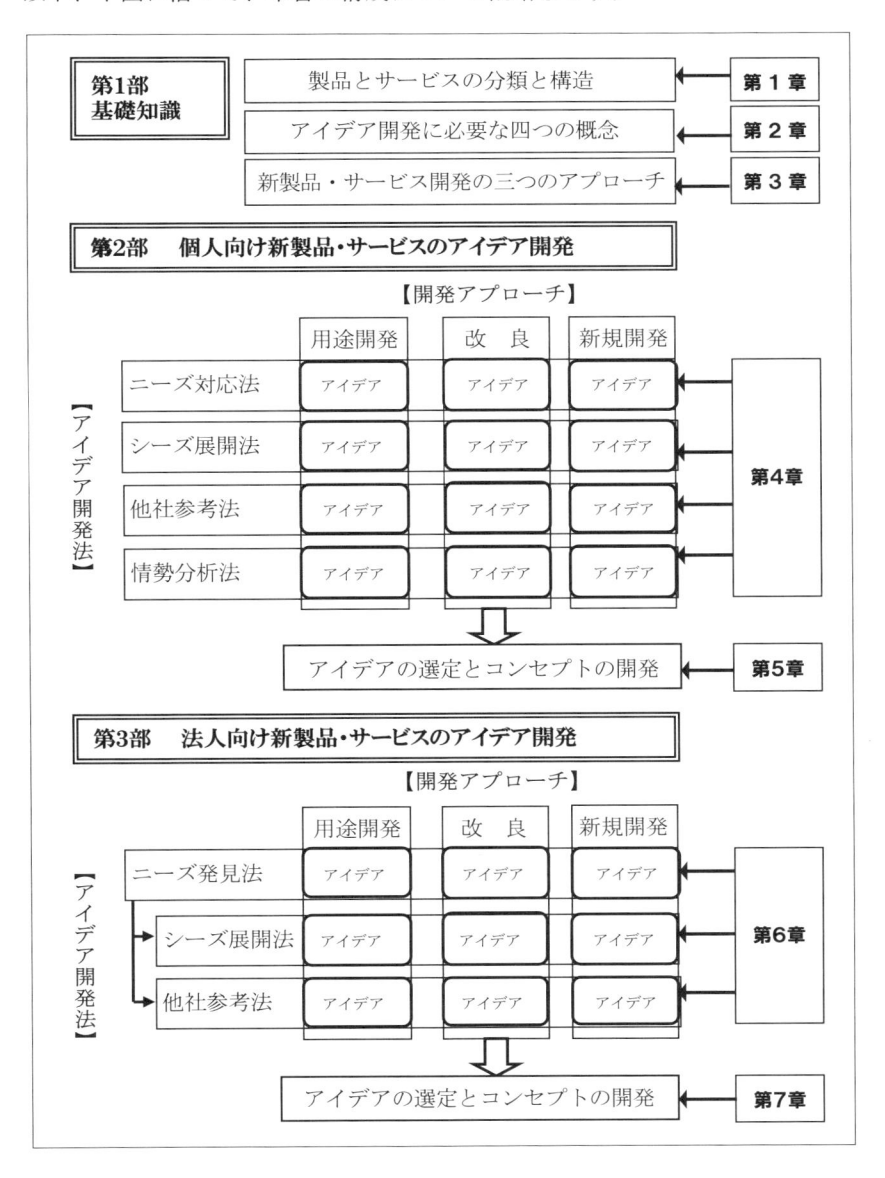

第1部 基礎知識		
	製品とサービスの分類と構造	第1章
	アイデア開発に必要な四つの概念	第2章
	新製品・サービス開発の三つのアプローチ	第3章

第2部　個人向け新製品・サービスのアイデア開発

【開発アプローチ】

【アイデア開発法】	用途開発	改良	新規開発	
ニーズ対応法	アイデア	アイデア	アイデア	第4章
シーズ展開法	アイデア	アイデア	アイデア	
他社参考法	アイデア	アイデア	アイデア	
情勢分析法	アイデア	アイデア	アイデア	

アイデアの選定とコンセプトの開発	第5章

第3部　法人向け新製品・サービスのアイデア開発

【開発アプローチ】

【アイデア開発法】	用途開発	改良	新規開発	
ニーズ発見法	アイデア	アイデア	アイデア	第6章
シーズ展開法	アイデア	アイデア	アイデア	
他社参考法	アイデア	アイデア	アイデア	

アイデアの選定とコンセプトの開発	第7章

第1部　基礎知識

第1章　製品とサービスの分類と構造

　製品とサービスの分類と構造についての知識と理解は、新製品・サービスのアイデア開発において欠かすことはできません。第1章では、それらの基本的な見方について詳しくご紹介します。

　なお、一般的に、工場で生産された財を「製品」、工場から出荷されて卸や小売りの流通段階にある財を「商品」と呼んでいますが、本書ではそれらの「商品」と呼ばれるものも含めてすべて「製品」と呼んでいます。

第2章　アイデア開発に必要な四つの概念

　ここでは、新製品・サービスのアイデア開発と密接に関連する「顧客ニーズ」、「顧客価値」、「製品・サービスのコンセプト」、「製品・サービスの差別化」の四つの概念について、詳しくご説明します。

第3章　新製品・サービス開発の三つのアプローチ

　新製品・サービスをどのような方向で開発するかは、アイデア開発の根幹にかかわります。第3章では、その具体的な方向として、「用途開発」、「改良」、「新規開発」の三つのアプローチをご紹介します。

第2部　個人向け新製品・サービスのアイデア開発

第4章　個人向けの新製品・サービスのアイデア開発法

　新製品・サービスのアイデア開発法としては、「ニーズ対応法」、「シーズ展開法」、「他社参考法」、「情勢分析法」の四つがあります。第4章では、これらのアイデア開発法について詳しくご紹介します。

　なお、第3章でご紹介します三つの開発アプローチの各々について、これらの四つのアイデア開発法を活用してアイデアを開発します。

第5章　アイデアの選定とコンセプトの開発

　前章に沿ってアイデアが決まりましたら、次は、それらの中から優れた「アイデアを選定」した上で、「コンセプトを決定」することになります。第5章では、

これらのプロセスについて順を追ってご紹介します。

> 第３部　法人向け新製品・サービスのアイデア開発

第６章　法人向けの新製品・サービスのアイデア開発法

　法人向けの新製品・サービスは、特に受注型の場合、特定の法人顧客のニーズを満たすことが不可欠です。そのためのアイデア開発法としては、「ニーズ発見法」、「シーズ展開法」、「他社参考法」の三つがあります。本章では、これらの方法について詳しくご紹介します。

　なお、第３章でご紹介しました三つの開発アプローチの各々について、これらの三つの方法を活用してアイデアを開発します。

第７章　アイデアの選定とコンセプトの開発

　前章に沿ってアイデアが決まりましたら、次は、それらの中から優れた「アイデアを選定」した上で、「コンセプトを開発」することになります。第７章では、これらのプロセスについて順を追ってご紹介します。

目　　次

第1部　基礎知識

第1章　製品とサービスの分類と構造 …………………………………… 3
　1．すべての製品とサービスの横断的な分類 ………………………… 3
　2．個人向けの製品とサービスの横断的な分類 ……………………… 4
　　（1）消費財の横断的な分類と生産方式 …………………………… 4
　　（2）個人向けのサービスの横断的な分類 ………………………… 7
　3．法人向けの製品とサービスの横断的な分類 ……………………… 9
　　（1）生産財の横断的な分類と生産方式 …………………………… 9
　　（2）法人向けサービスの横断的な分類 ……………………………13
　4．個々の製品の構造 ……………………………………………………15
　　（1）製品の五つの属性 ………………………………………………15
　　（2）製品の使用機能と魅力機能 ……………………………………18
　5．個々のサービスの特徴と構造 ………………………………………21
　　（1）サービスの特徴 …………………………………………………22
　　（2）サービスの五つの属性 …………………………………………22
　　（3）基本サービスと補助サービス …………………………………24
　　（4）サービスの3P …………………………………………………25

第2章　アイデア開発に必要な四つの概念 …………………………… 29
　1．顧客ニーズ ……………………………………………………………29
　　（1）顧客ニーズの概要 ………………………………………………29
　　（2）顧客ニーズの三段階分類 ………………………………………30
　　（3）顕在ニーズと潜在ニーズ ………………………………………31
　　（4）ゼロ志向ニーズとプラス志向ニーズ …………………………33
　2．顧客価値 ………………………………………………………………34

（1）顧客価値の概要 …………………………………………………34
　　（2）顧客価値を表す言葉 ……………………………………………36
　3．製品・サービスのコンセプト……………………………………………37
　　（1）コンセプトとは …………………………………………………37
　　（2）コンセプトの位置づけと重要性 ………………………………38
　　（3）コンセプトの文章での表現方法 ………………………………38
　　（4）コンセプトの文章以外での表現方法 …………………………43
　4．製品・サービスの差別化…………………………………………………44
　　（1）製品・サービスの差別化の概要 ………………………………44
　　（2）製品・サービスの差別化の重要性 ……………………………46
　　（3）製品・サービスの差別化の方法 ………………………………46

第3章　新製品・サービス開発の三つのアプローチ……………………… 51
　1．基本的な開発アプローチ…………………………………………………51
　　（1）市場の区分と三つの開発アプローチ …………………………52
　　（2）既存の製品・サービスとの関係 ………………………………53
　2．用途開発アプローチ………………………………………………………54
　　（1）用途開発アプローチの概要 ……………………………………54
　　（2）用途開発の事例 …………………………………………………55
　　（3）経営上の意義と取組み上の留意点 ……………………………55
　3．改良アプローチ……………………………………………………………57
　　（1）改良アプローチの概要 …………………………………………57
　　（2）改良の程度による区分 …………………………………………58
　　（3）改良アプローチの事例 …………………………………………58
　　（4）経営上の意義と取組み上の留意点 ……………………………59
　4．新規開発アプローチ………………………………………………………60
　　（1）新規開発アプローチの概要 ……………………………………60
　　（2）新規開発の事例 …………………………………………………61
　　（3）経営上の意義と取組み上の留意点 ……………………………61

5．開発アプローチの選択方法……………………………………………62
（1）アンゾフの成長ベクトルの応用 ………………………………62
（2）プロダクト・ポートフォリオ・マネジメント（PPM）の応用………64
（3）ポジショニング ……………………………………………………66

第2部　個人向け新製品・サービスのアイデア開発

第4章　個人向けの新製品・サービスのアイデア開発法……………… 75
1．ニーズ対応法………………………………………………………75
　（1）顧客ニーズの振り返り …………………………………………75
　（2）ニーズ対応法の概要 ……………………………………………76
　（3）ニーズ情報の源泉 ………………………………………………77
　（4）第1段階のための具体的な手法 ………………………………78
　　① 質問法（実査法）………………………………………………79
　　② 観察法……………………………………………………………80
　　③ オープン・イノベーション ……………………………………81
　　④ 社内の顧客情報の活用…………………………………………83
　　⑤ 社内関係者のニーズ情報の活用………………………………84
　（5）第2段階のための具体的な手法 ………………………………85
　　① アイデア発想技法の概要………………………………………85
　　② マインド・マップ………………………………………………86
　　③ ブレインストーミング…………………………………………87
　（6）第1段階と第2段階の手法の整理 ……………………………88
　（7）ニーズ対応法の留意点 …………………………………………89
2．シーズ展開法………………………………………………………90
　（1）シーズ展開法の概要 ……………………………………………90
　（2）第1段階のための具体的な手法 ………………………………92
　　① 経営者が持っているシーズ情報の収集………………………92
　　② 埋もれているシーズ情報の収集………………………………93

③　欠点克服、理想実現、用途拡大……………………………………94
　　　④　オズボーンのチェックリスト法……………………………………94
　　　⑤　既存の製品・サービスのコンセプトと属性の変更………………95
　　　⑥　ポジショニング………………………………………………………99
　　　⑦　製品のライフサイクル（Product Life Cycle）……………… 101
　　　⑧　コア技術戦略………………………………………………… 103
　　　⑨　ＳＷＯＴ分析………………………………………………… 106
　　　⑩　製品のカテゴリー拡張、ライン拡張、アイテム拡張……… 110
　　　⑪　マズローの欲求段階説……………………………………… 113
　　　⑫　社会の変化への適応………………………………………… 116
　　　⑬　オープン・イノベーション………………………………… 117
　　　⑭　コラボレーション…………………………………………… 118
　（３）第２段階のための具体的な手法 ……………………………… 119
　（４）第１段階と第２段階の手法の整理 …………………………… 119
３．他社参考法………………………………………………………………… 120
　（１）他社参考法の概要と留意点 …………………………………… 120
　（２）知的財産権 ……………………………………………………… 122
　（３）第１段階のための具体的な手法 ……………………………… 126
　　　①　他社情報の情報源、対象企業、視点……………………… 126
　　　②　「シーズ展開法」と同じ六つの手法 …………………… 129
　　　③　異業種参考法………………………………………………… 132
　（４）第２段階のための具体的な手法 ……………………………… 132
　（５）第１段階と第２段階の手法の整理 …………………………… 133
４．情勢分析法………………………………………………………………… 134
　（１）情勢分析法の概要 ……………………………………………… 134
　（２）第１段階のための具体的な手法 ……………………………… 135
　　　①　外部環境の変化への適応…………………………………… 135
　　　②　ドラッカーのイノベーションの七つの機会……………… 137
　（３）第２段階のための具体的な手法 ……………………………… 139

（4）第1段階と第2段階の手法の整理 ………………………………… 139

第5章　アイデアの選定とコンセプトの開発………………………………141
　1．アイデアの検証と選定（アイデア・スクリーニング）…………… 141
　　（1）アイデア選定のフィルター ………………………………………… 142
　　（2）アイデアの選定と考え方 …………………………………………… 145
　　（3）不合格のアイデアの取扱い ………………………………………… 146
　　（4）アイデア選定上の留意点 …………………………………………… 147
　2．コンセプト・シートの作成…………………………………………… 147
　　（1）コンセプト …………………………………………………………… 147
　　（2）図形と実施手順 ……………………………………………………… 148
　　（3）競合する製品・サービスの特徴と差別化の確認 ………………… 148
　3．コンセプト・テストとコンセプトの決定…………………………… 149
　　（1）コンセプト・テスト ………………………………………………… 149
　　（2）コンセプトの決定と留意事項 ……………………………………… 150
　4．第4章と第5章の締め括り…………………………………………… 152

第3部　　法人向け新製品・サービスのアイデア開発

第6章　法人向けの新製品・サービスのアイデア開発法………………… 155
　1．三つの留意点 …………………………………………………………… 155
　　（1）生産財の受注生産が対象 …………………………………………… 156
　　（2）受注生産の生産財とサービスのアイデア開発法 ………………… 157
　　（3）見込生産の生産財のアイデア開発法 ……………………………… 157
　2．ニーズ発見法 …………………………………………………………… 158
　　（1）法人の顧客ニーズ …………………………………………………… 158
　　（2）ニーズ発見法の概要 ………………………………………………… 160
　　（3）顧客ニーズとニーズ情報を発見する具体的な手法 ……………… 161
　　　①　法人顧客から直接収集………………………………………… 161

② 法人顧客の公開情報の収集……………………………………………… 162
　　　③ 社内の顧客情報の収集…………………………………………………… 162
　　　④ 二次情報の収集…………………………………………………………… 162
　　　⑤ 自社にとってのニーズ…………………………………………………… 162
　（４）手法の整理 ………………………………………………………………… 163
３．シーズ展開法……………………………………………………………………… 164
　（１）シーズ展開法の概要 ……………………………………………………… 164
　（２）第１段階のための具体的な手法 ………………………………………… 165
　　　① 埋もれた情報の掘り起こしと展開…………………………………… 165
　　　② 欠点克服、理想実現、用途拡大……………………………………… 167
　　　③ オズボーンのチェックリスト法……………………………………… 167
　　　④ 既存の製品・サービスのコンセプトと属性の変更………………… 169
　　　⑤ コア技術戦略…………………………………………………………… 172
　　　⑥ コラボレーション……………………………………………………… 174
　（３）第２段階のための具体的な手法 ………………………………………… 175
　　　① アイデア発想技法の概要……………………………………………… 175
　　　② マインド・マップ……………………………………………………… 176
　　　③ ブレインストーミング………………………………………………… 177
　（４）第１段階と第２段階の手法の整理 ……………………………………… 178
４．他社参考法………………………………………………………………………… 179
　（１）他社参考法の概要と留意点 ……………………………………………… 179
　（２）知的財産権 ………………………………………………………………… 181
　（３）第１段階のための具体的な手法 ………………………………………… 185
　　　① 他社情報の収集………………………………………………………… 185
　　　② 他社の経営資源の展開………………………………………………… 187
　　　　Ａ．欠点克服、理想実現、用途拡大………………………………… 187
　　　　Ｂ．オズボーンのチェックリスト…………………………………… 187
　　　　Ｃ．既存の製品・サービスのコンセプトと属性の変更…………… 187
　　　　Ｄ．コア技術戦略……………………………………………………… 188

（4）第2段階のための具体的な手法 ………………………………… 188
　（5）第1段階と第2段階の手法の整理 ………………………………… 188

第7章　アイデアの選定とコンセプトの開発 …………………………… 191
　1．アイデアの検証と選定（アイデア・スクリーニング） ……………… 191
　　（1）アイデア選定のフィルター …………………………………… 192
　　（2）アイデアの選定 ………………………………………………… 195
　　（3）アイデア選定上の留意点 ……………………………………… 196
　2．コンセプト・シートの作成 ……………………………………………… 197
　　（1）コンセプト ……………………………………………………… 197
　　（2）図形と実施手順 ………………………………………………… 197
　　（3）法人取引先の顧客ニーズの状況 ……………………………… 197
　　（4）競合と差別化 …………………………………………………… 197
　3．コンセプト・テストとコンセプトの決定 ……………………………… 199
　4．第6章と第7章の締め括り ……………………………………………… 199

事項索引 ……………………………………………………………………… 201
主な参考文献 ………………………………………………………………… 205
著者紹介 ……………………………………………………………………… 207

第1部 基礎知識

- 第1章 製品とサービスの分類と構造
- 第2章 アイデア開発に必要な四つの概念
- 第3章 新製品・サービス開発の三つのアプローチ

第1章 製品とサービスの分類と構造

　製品とサービスにはさまざまな分類と構造があり、その知識と理解は新製品・サービスの開発において欠かすことができません。本章では、それらの基本的な見方について詳しくご紹介します。

　なお、本章では、個人向けの製品・サービスと法人向けの製品・サービスの四つの分野についてご紹介しますが、これらのすべてを読んでいただく必要はありません。現在と将来のあなたの会社に関連すると思われる分野を選んで、お読みください。

> 1．すべての製品・サービスの横断的な分類
> 2．個人向けの製品とサービスの横断的な分類
> 3．法人向けの製品・サービスの横断的な分類
> 4．個々の製品の構造
> 5．個々のサービスの特徴と構造

1．すべての製品とサービスの横断的な分類

　個人向けと法人向けのすべての製品とサービスを形態から分類すると、次頁の図のようになります。

　まず、すべての財は、形のある「有形財（製品）」と形のない「無形財（サービス）」に区分されます。

　そして、「有形財（製品）」は、個人・家計で消費する「消費財」と、法人・事業所などで生産のために投入・消費する「生産財」に区分されます。同様に、「サービス」も、「個人向けのサービス」と「法人向けのサービス」に分けられます。

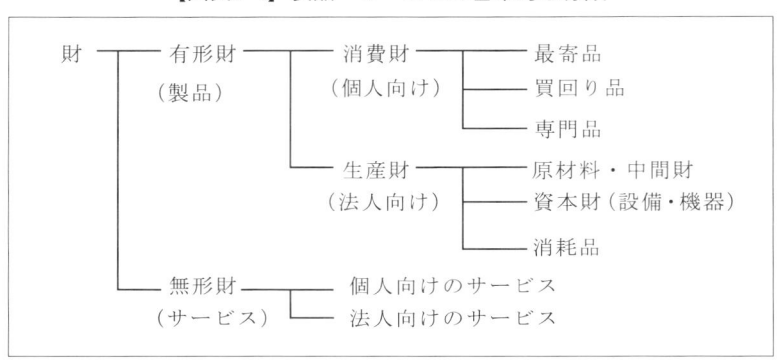

【図表1-1】製品・サービスの基本的な分類

```
財 ─┬─ 有形財 ─┬─ 消費財 ──┬─ 最寄品
    │ (製品)   │ (個人向け) ├─ 買回り品
    │          │            └─ 専門品
    │          │
    │          └─ 生産財 ──┬─ 原材料・中間財
    │            (法人向け) ├─ 資本財(設備・機器)
    │                       └─ 消耗品
    │
    └─ 無形財 ─┬─ 個人向けのサービス
      (サービス)└─ 法人向けのサービス
```

２．個人向けの製品とサービスの横断的な分類

ここでは、個人向けの製品（消費財）とサービスに焦点を当てます。

(1) 消費財の横断的な分類と生産方式

すべての消費財の横断的な分類としては、「最寄品、買回り品、専門品」と「消費財の三段階分類」の二つが代表的です。また、消費財の生産方式には、「受注生産」と「見込生産」の二つがあります。以下、これらについてご説明します。

① 最寄品、買回り品、専門品

消費財は、主に個人の製品に対する購買特性の違いによって、「最寄品」、「買回り品」、「専門品」の三つに分けられます。（ちなみに、この分類は、M．T．コープランドという経営学者が約90年前に提唱したものです。）

A．最寄品

最寄品とは、最寄りのスーパーなどの店で購入する日用品のことです。食料品、日用雑貨が代表的です。

B．買回り品

買回り品とは、いくつかの店を回って購入する製品で、大型家電、家具、衣服、靴が代表的です。

C．専門品

専門品とは、専門店で売っている自動車、宝飾品、高級ブランドといった製品です。

第1章　製品とサービスの分類と構造

【図表1-2】消費財の区分と主な特徴

	最寄品	買回り品	専門品
製品の例	食料品、日用雑貨	大型家電、家具、衣服、靴	自動車、宝飾品、高級ブランド
店舗	最寄りのスーパー、コンビニ、商店など	単独の専門店、ショッピングモールの店舗など	単独の専門店、デパートの売り場など
購入頻度	頻繁（日常的）に購入	時々購入	購入は稀
価格	低価格が主	中価格～高価格	高価格～超高価格
消費者の購買行動	・決まった店舗を日常的・習慣的に訪問。 ・買物に時間をかけず、ブランド、価格、パッケージなどで瞬間的に決める場合が多い。	・複数の店舗をある程度計画的に訪問。 ・複数の製品をある程度比較した上で、購入する場合が多い。	・購入を計画する場合に限って、店舗を訪問。 ・複数の製品を慎重に比較検討した上で購入。ただし、ブランドを重視・選好する傾向あり。

②消費財の三段階分類

すべての消費財は、「製品カテゴリー」、「製品ライン」、「製品アイテム」の三つの階層に分類されます。

【図表1-3】消費財の三段階分類（例）

```
製品カテゴリー      製品ライン        製品アイテム
├ 家電製品─────┬ 冷蔵庫──────┬ 機能・性能
├ 食品         ├ 洗濯機         ├ デザイン
├ 生活雑貨      ├ テレビ         ├ サイズ
├ 衣料品        ├ 音響機器       ├ 価格帯
├ ・・・         ├ ・・・          ├ ブランド
                                  ├ ・・・
```

A．製品カテゴリー

製品カテゴリーとは、すべての製品をジャンルに応じておおまかに区分したものです。上図では、その例として「家電製品、食品、生活雑貨、衣料品、…」という区分を挙げています。

5

実際にはこれらの呼称や区分についての統一された基準はなく、流通企業やメーカー各社が独自の基準で設定しています。ちなみに、アマゾンジャパン㈱と㈱イトーヨーカ堂の主な製品カテゴリーは、下表の通りとなっています。

【図表1-4】アマゾンとイトーヨーカ堂の主な製品カテゴリー

アマゾンジャパン㈱	㈱イトーヨーカ堂
・本・コミック・雑誌	・本・コミック
・DVD、音楽、ゲーム	・雑誌
・家電・カメラ・AV機器	・電子書籍
・パソコン・オフィス用品	・CD・グッズ
・ホーム＆キチン・ペット	・DVD・Blue-ray
・食品＆飲料	・TV・携帯ゲーム
・ヘルス＆ビューティ	・おもちゃ・ホビー
・ベビー・おもちゃ・ホビー	・コスメ＆ヘルスケア
・ファッション・バッグ・腕時計	・生活雑貨・ペット用品
・スポーツ＆アウトドア	・ファッション＆雑貨
・DIY・カー＆バイク用品	・食品・お取り寄せ

(出典）各社のホームページから作成

B．製品ライン

これは、製品カテゴリーを「使用目的・用途」、「機能」などによってさらに細かく分類したものです。たとえば電化製品のカテゴリーは、冷蔵庫、洗濯機、テレビなどの製品ラインに分けられます。

C．製品アイテム

「製品アイテム」とは、製品ラインを構成する個々の製品のことです。上図の例では、冷蔵庫という製品ラインは、機能、性能、デザイン、サイズ、価格帯、ブランドなどが異なる多様な製品アイテムから構成されます。

③ 消費財の二つの生産方式

消費財の生産方式には、「見込生産」と「受注生産」の二つがあります。

A．見込生産

見込生産とは、読んで字のごとく、不特定多数の一般消費者からの需要を見込んで製品を生産する方式のことです。少品種大量生産に向いています。需要を予測して一定の在庫を持つことが、最大の特徴です。消費財の多くがこの方式によって生産されています。

この方式には、在庫コストがかかる他、需要予測がはずれたり製品が陳腐化したりして、売れ残りが発生するリスクがあります。そのため、大きな規模での見込生産は、財務体力の弱い中小企業にはお勧めできません。

B．受注生産

受注生産とは、特定の顧客からの個々の受注にもとづいて生産する方式のことです。この方式では、原則として製品の完成在庫は持ちません。

受注生産は、オーダーメイドや手作りといった個別生産あるいは多品種少量生産に向いているとされますが、話題になっているスーパーのＰＢ（プライベート・ブランド）のように極めて大規模なものも見られます。

【図表1-5】消費財の見込生産と受注生産の一般的な特徴

見込生産方式	受注生産方式
・自社の売上予測にもとづいて生産。 ・少品種の製品を大量生産。 ・顧客は、不特定多数の一般消費者。 ・製品の仕様、売価、数量、時期などのすべてを自分で決定。 ・計画通りの売上が確保できれば、高い利益率が可能。一方で、在庫コストがかかる他、売れ残りリスクもある。	・顧客からの発注を受けて生産。 ・多品種の製品を少量・個別に生産。（法人顧客からの大口注文では、大量生産。） ・顧客は、消費財を取り扱う法人顧客または特定少数の一般消費者。 ・製品の仕様、売価、数量、時期などは、原則として顧客が決定。 ・売れ残りリスクはないが、利益率は低い。

(2) 個人向けのサービスの横断的な分類

個人向けのサービスの横断的な分類としては、「業種による分類」と「対象と内容による分類」の二つが代表的です。

ちなみに、これらの区分は、法人向けのサービスにも当てはまります。と言いますのは、サービスは無形であるため、ほとんどのサービスを法人でも同じように利用できるからです。

① サービスの業種による分類

サービスを業種によって分類したものとしては、総務省統計局の「日本標準産業大・中分類一覧」と（それからサービス業を抽出した）「経済産業省の第３次産業活動指数」が一般的に利用されています。それによりますと、サービスは次の表の通り13の業種に分類されます。

【図表1-6】 サービス業の13業種（大分類）

・電気・ガス・熱供給・水道業 ・情報通信業 ・運輸業・郵便業 ・卸売・小売業 ・金融・保険業 ・不動産・物品賃貸業 ・学術研究、専門・技術サービス	・宿泊業、飲食サービス業 ・生活関連サービス業、娯楽業 ・教育、学習支援業 ・医療、福祉 ・複合サービス事業 ・サービス業（他に分類されないもの）

（出典）経済産業省の第3次産業活動指数

② サービスの対象と内容による分類

個人向けのサービスの分類としては、ラブロックという米国の研究者が発表した分類が有名です。下の表をご覧ください。

横軸に、サービスの対象として「人」と「所有物」を、また、縦軸には、サービス活動として「有形の働きかけ」と「無形の働きかけ」を想定しています。「有形の働きかけ」とは、実施に際して有形のものを活用する場合、「無形の働きかけ」とは、実施に際して情報などの無形のものを活用する場合を指します。そして、横軸と縦軸が交わった各々の領域ごとに、どのようなサービ

【図表1-7】 サービスの対象と内容による分類

		サービスの対象	
		人	所有物
サービス活動	有形の働きかけ	［人の身体へのサービス］ ・交通機関　・医療 ・宿泊　　　・飲食 ・エステティック ・スポーツクラブ ・理美容　　・葬祭	［所有物へのサービス］ ・モノの輸送　・修理・保全 ・倉庫・貯蔵　・清掃 ・衣服のクリーニング ・給油　　　　・廃棄物処理 ・庭園管理
	無形の働きかけ	［人の心に向けられたサービス］ ・広告・宣伝 ・エンターテイメント ・放送 ・コンサルティング　・教育 ・カウンセリング ・コンサート　　　　・宗教	［無形資産へのサービス］ ・会計　　　　・銀行業務 ・情報処理　　・保険業務 ・法律サービス ・プログラミング ・調査　　　　・投資顧問

（出典）『サービス・マーケティング』近藤隆雄著　生産性出版（2008）p.112。原典は『Service Marketing』C.H.Lovelock, Pentice-Hall（1996）p.29。

スが属するかを整理しています。

3．法人向けの製品とサービスの横断的な分類

ここでは、法人向けの生産財とサービスに焦点を当てます。

(1) **生産財の横断的な分類と生産方式**

すべての生産財の横断的な分類としては、「生産財の四つの分類」と「生産財の使途による分類」が代表的です。また、生産財の生産方式には、消費財と同じく「受注生産」と「見込生産」の二つがあります。以下、これらについてご説明します。

① **生産財の四つの分類**

生産財は、法人が生産のために組織的・計画的に購入する有形財であり、「原材料」、「中間財」、「資本財」、「消耗品」に大別されます。

Ａ．**原材料**

金属（鉄鋼、鋳物、鍛鋼、銅、ステンレス、アルミニウム）、樹脂（プラスティック、ゴム）、窯業土石（セラミック、セメント、ガラス）、など。

Ｂ．**中間財（部品）**

伝導機器（チェーン、ベルト、モーター、）、空圧機器（コンプレッサー、エアーバルブ）、油圧機器（油圧バルブ、油圧シリンダー、油圧ポンプ）、制御機器（スイッチ、センサー、タッチパネル、表示灯）、工業管財（バルブ）、など。

Ｃ．**資本財**

工作機械、鍛圧板金機械、成型加工機、測定機器、マテハン（搬送台車、エレベーター、自動倉庫、リフター）、工場施設、理化学機器、試験装置、など。

Ｄ．**消耗品**

切削工具、工作機器、伝導機器、測定機器、マテハン（キャスター、運搬台車、脚立・はしご、スチール棚）、治工具、作業工具、工場用品、など。

② **生産財の使途による分類**

前述の分類は生産財の種類によるものですが、それ以外では、生産財がど

のような事業活動で利用されるかによっても区分されます。以下、事業活動の種類について見た上で、使途による区分についてご説明しましょう。

A．製造業の場合

a．メーカーの事業活動の種類

　メーカーの事業活動を機能ごとに分類したものとしては、米国の著名な経営学者のマイケル・ポーター氏が唱えた「バリュー・チェーン（価値連鎖）」が代表的です。その説によりますと、事業活動は、原材料搬入のロジスティクス（購買物流）、加工・製造、製品搬出のロジスティックス（出荷物流）、マーケティング・販売、サービスの五つの「本来的活動」、および、企業の基盤（全般管理）、人的資源の管理（人事・労務管理）、技術開発、事業運営処理の四つの「支援活動」から構成され、それぞれの活動の結果として企業の「マージン（付加価値）」が生まれます。

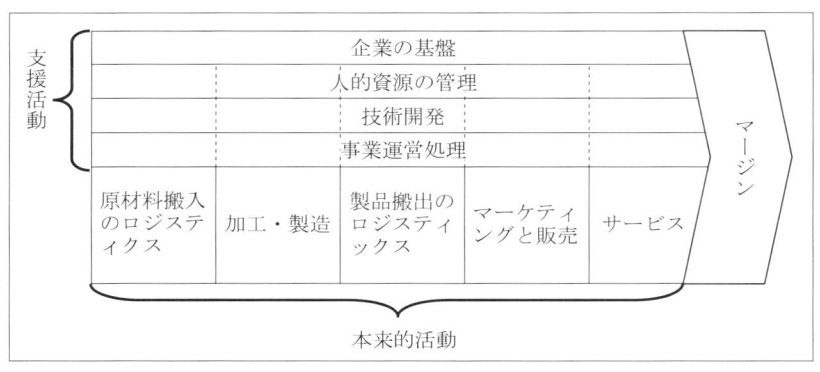

【図表1-8】製造業のバリュー・チェーン

支援活動	企業の基盤				マージン
	人的資源の管理				
	技術開発				
	事業運営処理				
原材料搬入のロジスティクス	加工・製造	製品搬出のロジスティックス	マーケティングと販売	サービス	

本来的活動

（出典）『マーケティング・マネジメント［第7版］』フィリップ・コトラー著　村田昭治監修　小阪恕、疋田聰、三村優美子訳　プレジデント社（1996）p.243。

b．生産財の使途による区分

　メーカーの事業活動は上記の通り九つの種類に分類され、各々の活動でさまざまな生産財が利用されます。たとえば、「購買物流」と「出荷物流」ではトラックなどの車両運搬具、「加工・製造」では原材料、機械・設備、そして顧客に対する「サービス」では設備、器具が、それぞれ利用されま

す。

このように、メーカーにおいて生産財がどのような事業活動で利用されるかという観点からの区分も可能です。具体的な区分は下表の通りです。

【図表1-9】 メーカーが利用する生産財の使途による区分

・ 購買物流と出荷物流で利用する生産財 ・ 加工・製造で利用する生産財 ・ マーケティングと販売で利用する生産財 ・ サービスで利用する生産財	本来的活動
・ 企業の基盤（全般管理）で利用する生産財 ・ 人的資源の管理で利用する生産財 ・ 技術開発で利用する生産財 ・ 事業運営処理で利用する生産財	支援活動

B．サービス業の場合

ご説明の前に、一言おことわりしておきます。「生産財」とは、通常はメーカーが生産に利用する製品を指します。しかし、サービス業でサービスを生みだす（＝生産）ために利用する設備、機器、道具なども、広義の「生産財」に含まれます。したがって、奇異に感じられる読者の方もおられると思いますが、以下、サービス業のための生産財という観点からご説明することにします。

a．サービス業の事業活動の種類

サービス業では、通常は製造に関する機能はありませんので、本来的活動は、サービス活動とマーケティング・販売の二つとなります。支援活動は、「技術開発」が「技能開発」に置き換わることを除けば、メーカーと同じです。

なお、メーカーにとっては、サービスは付随業務に当たりますが、サービス業にとっては、サービス活動は本業と位置づけられます。

第1部　基礎知識

【図表1-10】サービス業のバリュー・チェーン

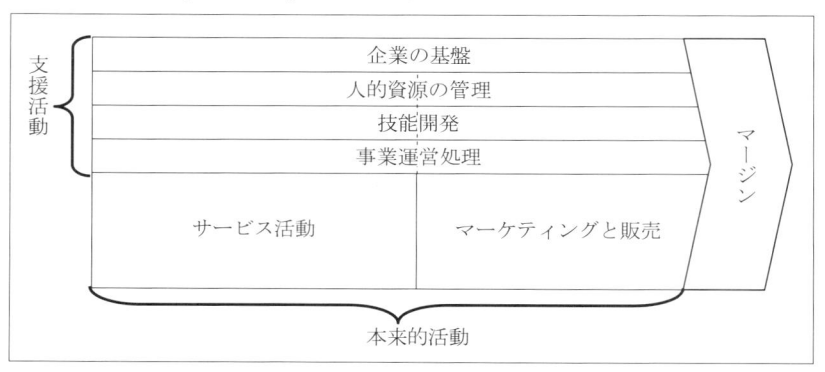

支援活動	企業の基盤	
	人的資源の管理	
	技能開発	マージン
	事業運営処理	
	サービス活動	マーケティングと販売

本来的活動

　ｂ．生産財の使途による区分

　　サービス業の事業活動は、上記の通り二つの本来的活動、四つの支援活動の計六つの活動に分類され、各々の活動でさまざまな生産財が利用されます。

　　このように、サービス業についても、生産財がどのような事業活動で利用されるかという観点からの区分が可能です。具体的な区分は下表の通りです。

【図表1-11】サービス業が利用する生産財の使途による区分

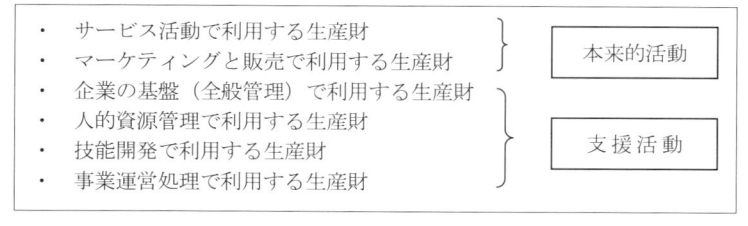

- ・サービス活動で利用する生産財
- ・マーケティングと販売で利用する生産財　　　｝本来的活動
- ・企業の基盤（全般管理）で利用する生産財
- ・人的資源管理で利用する生産財
- ・技能開発で利用する生産財　　　｝支援活動
- ・事業運営処理で利用する生産財

③　二つの生産方式

　前述の消費財の場合と同じく、生産財の生産方式にも「見込生産」と「受注生産」の二つがあります。

Ａ．見込生産

　見込生産とは、一般的には不特定の法人顧客の需要を見込んで、製品を生産する方式のことです。汎用品はこの方式での生産が中心となります。

Ｂ．受注生産

　受注生産とは、特定の法人顧客からの受注にもとづいて生産する方式のこ

とです。特注品を中心にこの方式が用いられています。

なお、見込生産は、売残りのリスクや在庫負担が生じるなどの理由から、大企業に向いており、中小企業は主に受注生産に従事しています。

【図表1-12】二つの生産方式の一般的な特徴と対象となる生産財

	見込生産方式	受注生産方式
特徴	・自社の売上予測にもとづいて生産。 ・少品種・大量生産の場合が多い。 ・顧客は、不特定多数の法人である場合が多い。 ・製品の仕様、売価、数量、時期などのすべてを自分で決定。 ・計画通りの売上が確保できれば、高い利益率が可能。一方で、売残りリスクあり。	・顧客からの発注を受けて生産。 ・個別生産または多品種・少量生産の場合が多い。(大口受注の場合は大量生産。) ・顧客は、特定少数の法人顧客である場合が多い。 ・製品の仕様、売価、数量、時期などは、原則として顧客が決定。 ・売残りリスクはないが、利益率は低い。
対象	汎用品の場合が多い	特注品の場合が多い

(2) 法人向けサービスの横断的な分類

法人向けのサービスは、「業務関連と従業員関連」と「使途」の二つの視点から分類することができます。

① 業務関連と従業員関連による分類

業務関連のサービスとは、読んで字のごとく、法人が事業活動で利用するサービスのことです。

一方、従業員関連のサービスとは、従業員を対象とするサービスのことです。福利厚生に関連したサービスが中心となります。

【図表1-13】法人向けサービスの例

業務関連サービス	・物流（輸送、保管） ・製品アフターサービス ・施設・不動産管理、清掃 ・IT関連サービス ・資金調達・運用 ・人材派遣、事務代行	・卸、小売、輸出入代行 ・設備・機器メンテナンス ・警備・保安 ・法務、会計、税務、経理 ・経営コンサルティング ・火災保険等の管財保険
従業員関連サービス	・人事・労務関連サービス ・給食、食堂、託児所 ・社内預金、財形、保険	・社員寮・独身寮 ・保養所・苑、社内旅行 ・自己啓発関連サービス

② 使途による分類

A．メーカーの場合

メーカーの本来的活動と支援活動では、さまざまな社外サービスが利用されます。たとえば、「購買物流」や「出荷物流」では社外の運送サービスが利用され、「マーケティング」では市場調査や卸・小売といった流通関連のサービスが利用されます。また、顧客向けの「サービス」でも社外のサービスを利用することがあります。それらの使途によって、サービスを区分するものです。

【図表1-14】 メーカーが利用する社外サービスの使途による区分

- 購買物流と出荷物流で利用する社外サービス
- 加工・製造で利用する社外サービス
- マーケティングと販売で利用する社外サービス
- サービスで利用する社外サービス

　　　本来的活動

- 企業の基盤（全般管理）で利用する社外サービス
- 人的資源の管理で利用する社外サービス
- 技術開発で利用する社外サービス
- 事業運営処理で利用する社外サービス

　　　支援活動

B．サービス企業の場合

サービス企業についても同様です。サービス企業の本来的活動と支援活動でも、自社で対応できない分野については社外サービスが利用されます。それらの使途によって、サービスを区分するものです。

【図表1-15】 サービス業が利用する社外サービスの使途による区分

- サービス活動で利用する社外サービス
- マーケティングと販売で利用する社外サービス

　　　本来的活動

- 企業の基盤（全般管理）で利用する社外サービス
- 人的資源管理で利用する社外サービス
- 技能開発で利用する社外サービス
- 事業運営処理で利用する社外サービス

　　　支援活動

4．個々の製品の構造

これまでは、すべての製品・サービスを対象として、その横断的な分類についてご紹介しました。本節では、対象を個々の製品へ移して、その属性と機能についてご紹介します。

(1) **製品の五つの属性**

製品には、デザイン、外形などの「物理的な側面」、働き、品質などの「機能的な側面」、イメージ、ブランドなどの「定性（感性）的な側面」があり、それらは一般的に「属性」と呼ばれています。

製品の「属性」の区分についてはさまざまな考え方がありますが、筆者は、「機能的属性」、「デザイン属性」、「サービス属性」、「イメージ属性」、「価格属性」の五つに区分します。

① **製品の五つの属性の概要**

A．**機能的属性**

機能的属性とは、製品に元から備わっている性質のことで、「要素」と「特性」から構成されます。その基本は、いわゆる「技術力」です。

a．製品の要素

製品の要素とは、機能、性能、品質、材質などを指します。

機能とは、製品の働きや役割のことです。たとえば、ビデオカメラであれば、録画、録音、日付表示、手ぶれ補正、逆光補正といったそれぞれの働きが機能にあたります。また、洗濯機であれば、洗濯、脱水、乾燥、風呂水利用といった働きを指します。また、性能とは、各々の機能の度合いやレベルを表します。数値で表現される場合が多く、たとえばビデオカメラの録画機能であれば、「画素数が500万画素や1,000万画素」と表現されるものです。

b．製品の特性

製品の特性とは、上記の製品の要素によって生み出される優れた性質や特徴を指します。たとえば、安全性、快適性、利便性、信頼性、耐久性、不燃性、保温性、耐熱性といった性質のことです。

B．**デザイン属性**

これも、製品に元から備わっている性質や特徴で、製品の外形的な魅力を

指します。「デザイン」、「スタイル」、「色」といった要素から構成され、いわゆる「デザイン力」がベースとなっています。

　ちなみに、製品を包装する「パッケージ」も、製品を引き立てる大切な役割を担っています。前述の通り特に最寄品については、ブランドや価格と並んで、パッケージで購買される場合が多く見られます。従って、デザイン属性について検討する場合は、製品そのものの外形ばかりではなく、パッケージについても深く留意する必要があります。

Ｃ．サービス属性

　ここでいうサービスとは、メーカーが「製品に付加するサービス」のことです。サービス業での「事業としてのサービス活動」のことではありません。

　製品に付加されるービスとは、「信用供与」、「保証」、「配達・据付」、「（修理・点検などの）アフターサービス」といった要素を指します。これらの要素には、製品の利便性を高める働きがあります。

　サービス属性については、通常は新製品の基本的な形がほぼ決まった後で検討します。新製品の基本形さえも決まっていない段階では、それに付加するサービスについては決めようがないからです。

Ｄ．イメージ属性

　「イメージ属性」とは、顧客が製品に対して持つイメージのことで、目には見えません。イメージは、「ブランド名」、「トレードマーク（商標）」、「キャッチコピー」、「広告宣伝」、「口コミ」などを通して、顧客の心の中に形成されます。

　イメージについても、一般的には新製品の基本形がほぼ決まった後で、プロモーション（＝販売促進）戦略として検討します。

Ｅ．価格属性

　価格属性は、文字どおり価格のことです。価格は、サービスと同じく、生産の時点では製品に備わっていません。これも、通常は新製品の基本形がほぼ決まった後で、価格戦略として検討します。（ただし、低価格を売りとする新製品を開発する場合のように、まず価格を決めて、その後で機能的属性とデザイン属性を開発することもあります。）

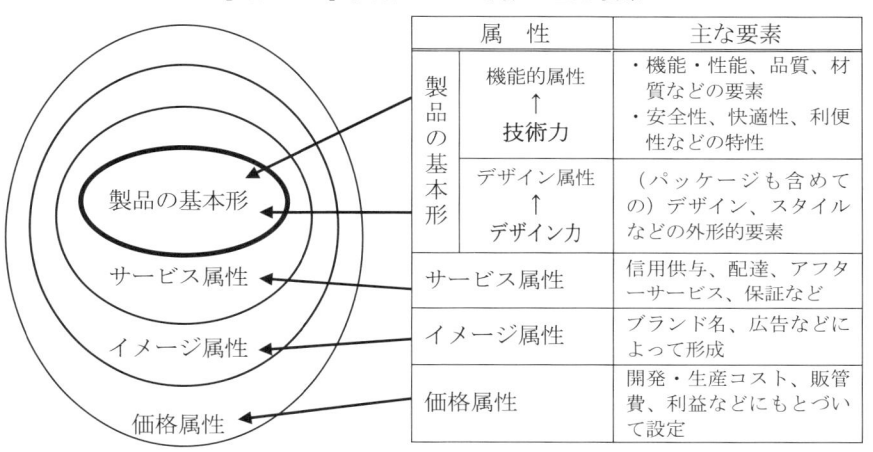

第1章　製品とサービスの分類と構造

【図表1-16】製品の五つの属性と主な要素

属　性	主な要素
製品の基本形	機能的属性 ↑ 技術力	・機能・性能、品質、材質などの要素 ・安全性、快適性、利便性などの特性
	デザイン属性 ↑ デザイン力	（パッケージも含めての）デザイン、スタイルなどの外形的要素
サービス属性	信用供与、配達、アフターサービス、保証など
イメージ属性	ブランド名、広告などによって形成
価格属性	開発・生産コスト、販管費、利益などにもとづいて設定

（同心円図：内側から「製品の基本形」「サービス属性」「イメージ属性」「価格属性」）

② 製品の五つの属性の意義

　製品の基本的な形は、上記の五つの属性の中の「機能的属性」と「デザイン属性」の二つによって形づくられます。他の三つの属性は、製品の基本形を補完するために付加されます。したがって、新製品のアイデア開発では、「機能的属性」と「デザイン属性」をどうするかということに主眼を置きます。他の三つの属性については、通常は新製品のアイデアが固まった後で検討します。

　なお、機能的属性とデザイン属性のどちらのほうが重要かは、製品の種類によって異なります。たとえば最新式の家電製品では、機能・性能とデザインは同じ程度に重視されます。一方、女性用のアパレルでは、デザインが優先されます。また、コモディティ化（＝日用品化）した製品については、品質などの機能的属性にはあまり違いがありませんので、前述の通りパッケージのデザインと並んで、イメージ属性のブランドや価格属性が重視されます。

【参考情報】製品の三つの階層

　前述しました「製品の五つの属性」の他には、マーケティングの神様といわれるフィリップ・コトラー氏が唱えた「製品の三つの階層」という見方もあります。それによりますと、製品は下図の通り三つの階層から構成されます。

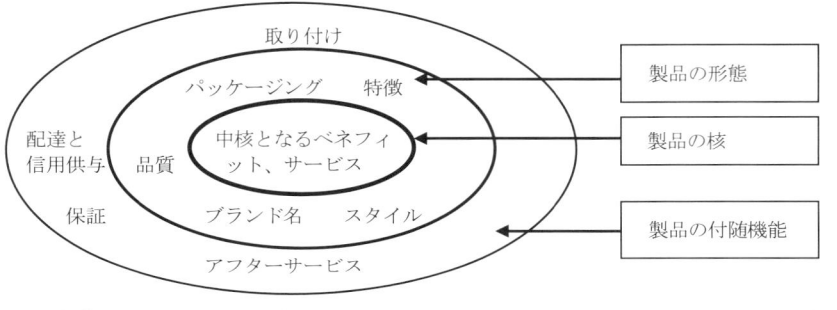

```
                取り付け
        パッケージング    特徴              →  製品の形態
 配達と
 信用供与  品質  中核となるベネフィ        →  製品の核
            　　ット、サービス
        保証  ブランド名    スタイル        →  製品の付随機能
                アフターサービス
```

（出典）『新版マーケティング管理』コトラー／アームストロング著　和田充夫／青井倫一訳　ダイヤモンド社　p.316

(2) 製品の使用機能と魅力機能

　これは、役割、働き、効用といった一般的な意味での「機能」の面から製品を分析したものです。

① 使用機能と魅力機能

　製品の機能は、顧客が使用することによって得られる「使用機能」と、それ以外の魅力を製品に付加する「魅力機能」の二つに区分されます。そして、「使用機能」はさらに、製品にとって不可欠な「基本機能」と、二次的に付加される「補助機能」に分けられます。

【図表1-17】製品の機能の分類

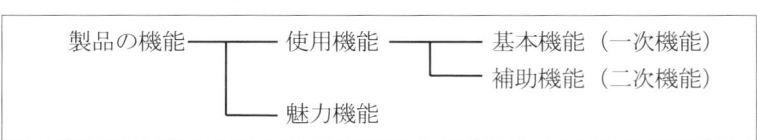

```
製品の機能 ─┬─ 使用機能 ─┬─ 基本機能（一次機能）
            │              └─ 補助機能（二次機能）
            └─ 魅力機能
```

（出典）『2008年度版　中小企業診断士スピードテキスト3　運営管理』TAC中小企業診断士講座編　TAC出版　p.57

A．基本機能

　「基本機能」とは、製品にとっての不可欠の機能のことで、顧客はその機能があるからその製品を購入します。たとえばカメラであれば、被写体をきれいに写す録画機能が基本機能に当たります。自動車であれば、安全に走行できるといった機能のことです。基本機能には、次のような特徴があります。

ａ．最低水準を満たす必要性

　　基本機能は、製品に当然備わっていなければなりませんが、その水準についても顧客の期待を満たす必要があります。顧客の期待よりも低い水準では、顧客は満足せず、最悪の場合は製品の欠陥と見られかねません。

　　その反面、基本機能の水準を顧客が期待する以上に高くしても、顧客がそれに比例して高く評価してくれる訳ではありません。たとえば自動車の最高速度を例にとりますと、せいぜい高速道路での制限速度程度がでれば十分で、それ以上の速度がでてもうれしくない顧客もいます。その人達にとっては、過剰な能力の分だけ価格が割高になっているはずなので、むしろ有難迷惑かもしれません。

ｂ．定義の変動性

　　なにが基本機能かはすべての製品に共通している訳ではなく、製品の種類によって異なります。また、基本機能は固定的なものではなく、（時代や社会とともに変化する）顧客ニーズに応じて新しく現れたり、消えたり、変化したりします。

　　ちなみに、新たに基本機能となった例としては、自動車の燃費があります。燃費は、燃料が安かった昔はあまり重視されませんでしたが、現在では多くの人がとても重視し、自動車の売れ行きをも左右するほどです。また、自動車各社は追突を自動的に防止する「自動ブレーキ」の開発に力を入れていますが、この機能は近い将来に基本機能の一つになると思われます。

B．補助機能

　「補助機能」とは製品の二次的な機能のことです。たとえば自動車であれば、カーナビやオーディオといった利便性を増す機能のことです。自動車にとっては必須の機能という訳ではありませんが、その価値を高めるために付加さ

れます。

　補助機能も、基本機能と同じく顧客ニーズとともに変化します。ある時期に補助機能と考えられていたものが、次の時期に基本機能と見なされることもありえます。また、(基本機能については、前述の通りどれか一つでも性能が不十分だと製品の欠陥になりかねませんが、) 補助機能には、製品にどれか一つでも優れた機能が付加されると、顧客がそのぶん高く評価してくれるという面があります。

C．魅力機能

　「魅力機能」とは、基本機能と補助機能以外の魅力のことです。主としてデザイン、スタイル、色などの外形的な魅力が、それに当たります。

　魅力機能の重要度は、製品・サービスの種類によって異なります。たとえば女性用の衣料品の場合には、ご存じの通りスタイルやデザインがとても重視されます。一方、生産財の設備・機器の場合には、製造能力や操作のしやすさといった基本機能は当然問われますが、魅力機能である外観についてはそれほど重視されません。

【図表1-18】製品の使用機能と魅力機能

		機能の内容と特徴
使用機能	基本機能	・製品にとって必要不可欠な機能 ・その水準も顧客の期待値を必ずクリアする必要あり。反面、期待値を上回っても評価されない。
	補助機能	・製品の価値を高めるために、二次的に付加される機能 ・優れた機能が一つでも付加されると、顧客はそのぶん高く評価
魅力機能		・使用機能以外の製品の魅力 ・主としてデザインなどの外形的な魅力

② 新製品の開発への示唆

A．基本機能

　顧客が新製品にどんな基本機能を求めているか、そしてその水準はどの程度が必要かを把握して、それらの機能と最低限の水準を確保することが必要です。過剰な水準は無駄なので避けます。また、基本機能は顧客ニーズとともに変化しますので、それらの変化を他社に先駆けて新製品に取り入れるよ

うにします。

なお、製品を選択する上で、顧客が基本機能については（当然に備わっているものと見なして）あまり意識しないことがあります。その場合には、顧客は補助機能や魅力機能によって製品を選択しますので、これらの機能を基本機能に劣らず充実する必要があります。

B．補助機能

補助機能については、一つでも優れた機能が付加されると、顧客はそのぶん高く評価するという性質があります。したがって、顧客ニーズを正確に把握した上で、新製品に顧客に喜ばれる補助機能を最低でも一つは付加することが大切です。

C．魅力機能

魅力機能についても、顧客ニーズを正確に把握した上で、それに的確に応えることが肝要です。特に婦人向けの衣料品や雑貨、あるいは子供向けの玩具の場合は、魅力機能がもっとも注目されるので、デザインに最大限注力しましょう。

【図表1-19】機能の面からの新製品開発上の留意点

機能の区分		新製品開発上の留意点
使用機能	基本機能	・顧客ニーズを正確に把握して、新製品では顧客が期待するそれぞれの機能と最低限の水準を必ず確保する。 ・顧客ニーズの変化を新製品に取り入れる。
	補助機能	・顧客ニーズを正確に把握して、新製品では顧客に喜ばれる機能を最低一つは付加する。
魅力機能		・魅力機能がもっとも重視される製品では、主としてデザインに注力。

5．個々のサービスの特徴と構造

ここでは、サービス全体に共通する特徴について整理した上で、個々のサービスの構造について「サービスの五つの属性」、「基本サービスと補助サービス」、「サービスの３Ｐ」の三つの観点からご紹介します。

(1) サービスの特徴

サービスは、活動あるいは機能そのものです。そのため、サービスには、見たり触れたりできないなど、下の表に掲載しました有形財とは根本的に異なるさまざまな特徴があります。新サービスの開発に当たっては、これらの違いをよく理解しておくことが基本となります。

【図表1-20】サービスの主な特徴

> ① サービスには形がなく、見ることも触れることもできない。
> ② サービスには形がないので、移動、貯蔵・在庫、流通させることができない。
> ③ 対人サービスでは、生産と消費が同時に発生する。
> ④ 結果がすべてではなく、プロセスも重要。結果がいくら良くても、プロセスが悪ければ、良いサービスとは言えない。
> ⑤ 特に対人サービスでは、サービスごとに品質が異なる場合が多い。
> ⑥ サービスに対する需要は、季節毎・月毎・週毎・日毎、時間毎に変化し一定しない。
> ⑦ サービスの実施には、顧客の協力が不可欠である場合が多い。

(2) サービスの五つの属性

これは、一つのサービスを属性の面から分析したものです。上述しました製品の場合と同様に、サービスを「中核的サービス」、「付属的属性」、「周辺的属性」、「イメージ属性」、「価格属性」の五つの属性の集合体としてとらえます。

なお、サービスの基本的な形は「中核的サービス」と「付属的属性」によって形成され、新サービスの「アイデアの開発」では、これらの二つの属性に主眼を置くことになります。

① 中核的サービス

中核的サービスとは、文字どおり顧客が求める中核となるサービスのことです。理髪店での理髪サービス、介護施設での介護サービス、運送会社による運送サービスがこれに当たります。

中核的サービスは、いわゆる「専門能力」がベースとなっており、中核的サービスを実施するための技能・スキル、技術、手法などは、中核的サービスそのものに内包されます。

② 付属的属性

「付属的属性」とは、中核的サービスを実施する上での必要な要素で、「物

質的な要素」と「定性的な要素」から構成されます。付属的属性になにか問題があると、中核的サービスの評価に大きく影響します。

A．物質的な要素

これは、中核的サービスを実施する際に利用するハード面を指します。たとえば理髪店であれば、設備、機器、器具、店舗の内外装などが、これにあたります。設備が汚かったり、ハサミ、かみそり、バリカンといった器具の切れ味が悪かったりすれば、中核的なサービスのレベルが落ちてしまいます。

B．定性的な要素

これは、中核的サービスを実施する際の接客態度や店舗の雰囲気といったソフト面のことです。定性的な要素が中核的サービスの良し悪しを決定づけるサービスも多く、それらのサービスでは、定性的な要素に問題があれば、中核的なサービスが台無しになりかねません。

③ **周辺的属性**

「周辺的属性」とは、中核的サービスを補完するサービスなどの要素を指します。理髪店の例では、洗髪、ひげ剃り、肩もみなどのサービスがあげられます。これらの要素は、必須という訳ではありませんが、顧客の利便性をより高める役割を果たします。

④ **イメージ属性と価格属性**

「イメージ」と「価格」については、製品と同様ですので、割愛します。

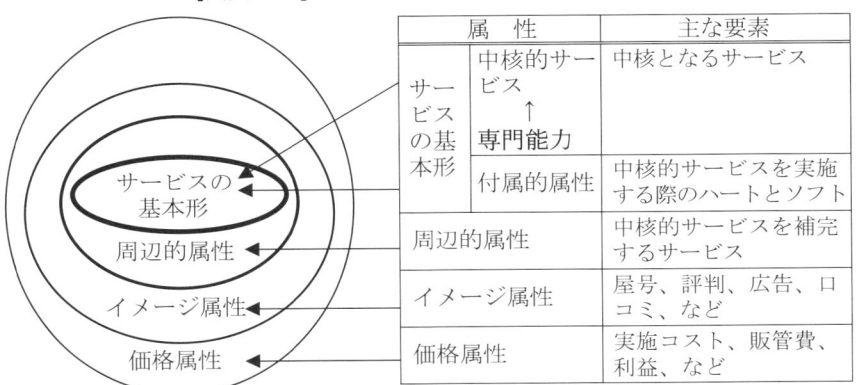

【図表1-21】サービスの5つの属性と主な要素

属性		主な要素
サービスの基本形	中核的サービス ↑ 専門能力	中核となるサービス
	付属的属性	中核的サービスを実施する際のハートとソフト
周辺的属性		中核的サービスを補完するサービス
イメージ属性		屋号、評判、広告、口コミ、など
価格属性		実施コスト、販管費、利益、など

(3) 基本サービスと補助サービス

サービスは中心となる「基本サービス」と副次的な「補助サービス」の二つから構成されます。

① 基本サービス（コア・サービス）

「基本サービス」は、前述しました製品の「基本機能」に相当します。サービスに当然に備わっている不可欠の機能のことで、顧客がその機能があるからそのサービスを購入するのです。

Ａ．基本サービスの事例

たとえば理髪店であれば、安全で上手にカットする機能が基本サービスです。

駅や駅の近辺でよく見かける理髪店チェーンのQBハウスは、基本サービスのカットに特化し、10分、1,000円程度で提供するというビジネスモデルで急拡大してきました。

Ｂ．基本サービスの特徴

基本サービスの特徴は、以下の通り前述した製品の基本機能と同様です。

ａ．最低水準を満たす必要性

基本サービスは、当然備わっているべき機能であり、その水準も顧客が期待するレベルを必ず満たす必要があります。

その反面、基本サービスの性能を一定の水準以上に高めても、顧客がそれに比例して高く評価してくれる訳ではありません。

ｂ．基本機能の定義の変動性

なにが基本サービスかは、すべてのサービスに共通しているのではなく、サービスの種類によって異なります。また、基本サービスは固定的なものではなく、顧客ニーズに応じて変化します。

なお、基本サービスがあまりにも大きく変化すると、別の種類のサービスに変わるということもあり得ます。

② 補助サービス（サブ・サービス）

「補助サービス」とは、前述しました製品の「補助機能」と同じく、サービスの価値を高めるために二次的、副次的に付加されるサービスのことです。

前出の理髪店のケースでは、洗髪、顔そり、肩もみといったカット以外のサービスを提供する所もありますが、これが補助サービスに当たります。

なお、補助サービスには、優れたサービスが一つでも提供されると、顧客はそのぶんだけ高く評価するという性質があります。

③ 新サービスの開発への示唆

A．基本サービス

基本サービスについては、顧客が求めているサービスの種類とその水準を把握して、それを必ず提供することが必要です。一方で、基本サービスを過剰に提供しても、無駄となります。

B．補助サービス

補助サービスについては、顧客ニーズを正確に把握した上で、顧客にもっとも喜ばれる機能を新サービスに付加することが大切です。

【図表1-22】機能の面からの新サービス開発上の留意点

	概　要	新サービス開発上の留意点
基本サービス	・必要不可欠なサービス ・客の期待を下回ると問題となるが、上回っても評価されないという特徴あり。	・顧客ニーズを正確に把握して、顧客が期待する基本サービスを必ず提供する。
補助サービス	・二次的に付加されるサービス ・優れたサービスが一つでも提供されると、顧客はそのぶん高く評価するという特徴あり。	・優れた補助サービスを必ず一つ以上提供して、顧客の評価を高めるようにする。

(4) サービスの3P

① サービスの3Pとは

ご存じの読者も多いと思いますが、マーケティング活動における重要な要素をマーケティング・ミックスと呼びます。サービスについては、前出のフィリップ・コトラー氏が唱えた「サービスの7P」が代表的です。（ちなみに、製品については、エドモンド・マッカーシー氏が唱えた「マッカーシーの4P」が有名です。）

「サービスの3P」とは、この「サービスの7P」の内の「人材（People）」、「物的環境（Physical Evidence）」、「過程（Process）」の三つのPを指します。

【図表1-23】サービスの７Ｐと製品の４Ｐ

サービスの７Ｐ	（参考）製品のマッカーシーの４Ｐ
① サービス　（Product） ② 価格　（Price） ③ 広告・販売促進　（Promotion） ④ 場所　（Place） ⑤ 人材　（People） ⑥ 物的環境　（Physical Evidence） ⑦ 過程　（Process）	① 製品　（Product） ② 価格　（Price） ③ 広告・販売促進　（Promotion） ④ 販路・店舗　（Place）

（サービスの３Ｐ：⑤⑥⑦）

Ａ．人材

サービスを「だれが提供するか」はサービスの質を大きく左右します。

まず、サービスを提供する「人」の技能・スキルや知識などのレベルが、サービスの質そのものを決定します。また、特に接客サービスでは、言うまでもありませんが、接客態度がとても重要となります。接客態度が悪いと、いくら技能・スキルが優れていても、サービスそのものが台無しになる恐れがあります。

Ｂ．物的環境

これは、サービスを「どんな環境で提供するか」ということです。具体的には店舗・施設、設備、家具、機器、什器備品といった物理的な環境を指します。

サービスには形がないため、サービスを購入する前の段階では、顧客はそれらの環境からサービスのレベルを推測しがちです。また、サービスを受ける過程では、物的環境が貧弱であったり汚かったりすると、顧客の満足の度合が大きく低下することにもなります。

Ｃ．過程

これは、サービスを「どんなプロセス・方法で提供するか」という課題です。多くのサービス、特に対人サービスでは、顧客はサービスの提供者と一緒にその過程を体験します。その場合、「結果よければすべてよし」という訳にはいきません。たとえ結果はよくても、その過程で顧客が上述しました「人」や「物的環境」に満足できないことがあると、サービスの全体的な評

価は低くなります。

② サービスの３Ｐと新サービスの開発

サービスの３Ｐについては、新サービスの基本的なアイデアが決まった後で、それを具体化するための方策として検討することになります。具体的には、まず、どんな価値や満足を提供するかというアイデアを決めます。そして、次に、そのようなサービスを「だれが提供するか」、「どんな環境で提供するか」、「どのようなプロセス・方法で提供するか」を、３Ｐとして決めるのです。ちなみに、近藤隆雄氏は、その際の検討事項として下表の通り指摘されています。

【図表1-24】サービスの３Ｐの主要な構成要素

人　材	○ 従業員 － 雇用、訓練、動機付け、報酬 ○ 顧客　－　教育、訓練 ○ 企業文化、価値観 ○ 従業員調査
物的環境要素	○ 施設デザイン　－　美的、機能、快適性 ○ 備品、道具 ○ サイン ○ 従業員の服装 ○ 他の有形物　－　レポート、カード、パンフ
提供過程	○ 活動のフロー　－　標準化、個客化 ○ 手順の数　－　単純、複雑 ○ 顧客参加の程度

（出典）『サービス・マーケティング』近藤隆雄著　生産性出版（2008）p.179

第2章 アイデア開発に必要な四つの概念

　本章では、新製品・サービスのアイデア開発に必要とされる四つの概念について、ご説明します。「顧客ニーズ」、「顧客価値」、「製品・サービスのコンセプト」、「製品・サービスの差別化」です。各々の概念は、新製品・サービスのアイデア開発と密接に関連していますので、よく理解する必要があります。

> 1．顧客ニーズ
> 2．顧客価値
> 3．製品・サービスのコンセプト
> 4．製品・サービスの差別化

1．顧客ニーズ

　製品・サービスは、顧客である一般消費者あるいは法人取引先の顧客ニーズを満足させるために存在します。

(1) 顧客ニーズの概要

　顧客ニーズとは、顧客が製品・サービスに関連して抱えるさまざまな欲求のことです。顧客ニーズが、顧客が製品・サービスを必要とする根本的な理由です。言うまでもありませんが、顧客ニーズがない場合、あるいは顧客ニーズに合致しない場合には、どのような新製品・サービスを開発しても売れません。

> 顧客ニーズとは、顧客が製品・サービスに関連して抱えるさまざまな欲求。

　以下、顧客ニーズの分類として、「顧客ニーズの三段階分類」、「顕在ニーズと潜在ニーズ」、「ゼロ志向ニーズとプラス志向ニーズ」の三つをご紹介します。

(2) 顧客ニーズの三段階分類

　これは、顧客ニーズが生成される段階を三つに分けて、各々の段階ごとに顧客ニーズを区分するものです。以下、各々の顧客ニーズの概要と新製品・サービスの開発の機会について、ご説明します。

① 三つの顧客ニーズの概要

Ａ．問題解決ニーズ

　最初の「問題解決ニーズ」とは、読んで字のごとく、顧客がなんらかの問題を抱えている場合に、その解決を求める漠然とした欲求のことです。繰り返しになりますが、「漠然とした欲求」であって、顧客が具体的な製品・サービスをイメージしている訳ではありません。このニーズが、製品・サービスを購入する元々の動機になります。

Ｂ．解決手段ニーズ

　次の「解決手段ニーズ」とは、問題解決ニーズよりも一歩進んだ、問題を解決するためになんらかの製品・サービスを求める欲求のことです。通常、顧客ニーズという場合は、このニーズを指します。

　顧客が製品・サービスから期待した価値を得ることができれば、顧客は満足し、解決手段ニーズは満たされます。

Ｃ．手段改善ニーズ

　「手段改善ニーズ」とは、解決手段としての製品・サービスが顧客の期待を下回った場合に生じる、製品・サービスの改善・改良を求める欲求のことです。

② 顧客ニーズごとの新製品・サービスの開発の機会

Ａ．問題解決ニーズ

　顧客が日常の生活や業務上のなんらかの問題を抱えており、その解決を漠然と求めている場合には、繰り返しになりますが、問題解決ニーズが存在することになります。その場合、あなたの会社にとっては、そのニーズを満たす新製品・サービスを開発する機会につながる可能性があります。

　ただし、問題がさほど重要でない場合には、顧客は「どうでもいいや」あるいは「たいしたことないや」と、その問題を無視したり放置したりします。

その場合には、新製品・サービスの開発にはつながりません。

B．解決手段ニーズ

顧客が（問題を解決するために）なんらかの製品・サービスを求めている場合は、言うまでもなく、あなたの会社にとって新製品・サービスを開発する絶好の機会です。

ただし、既に競合する製品・サービスがある場合には、それよりも優れた新製品・サービスを開発する必要があります。

C．手段改善ニーズ

顧客が既存の製品・サービスに不満を感じている場合に、このニーズが生じます。その場合、あなたの会社の対応としては以下の通りが考えられます。

まず、あなたの会社の製品・サービスに不満を持たれているのであれば、早急に改良・改善して顧客の不満を解消するようにしましょう。

次に、他社の製品・サービスに問題がある場合でも、それらの顧客の意見や要望をあなたの会社の製品・サービスに反映するようにしましょう。

そして、あなたの会社が未だその製品・サービスを取り扱っていない場合には、新製品・サービスの開発の機会へつながる可能性があります。

(3) 顕在ニーズと潜在ニーズ

これは、顧客が自分のニーズについて意識しているかどうかに着目して、顧客ニーズを区分するものです。

① 顕在ニーズ

顕在ニーズとは、顧客が意識したり気づいたりしているニーズのことです。(2)で前述しましたA〜Cの三つのニーズは、すべて顕在ニーズです。

② 潜在ニーズ

顧客の潜在意識下に潜んでいるため、顧客が意識もせず気づいてもいないニーズのことです。潜在ニーズは、新製品・サービスを実際に見たり利用したりすることによって顧客の意識の中で顕在化することが多いので、筆者は「（製品・サービスの）後追いニーズ」とも呼んでいます。

以上のご説明では分かりにくいと思いますので、安藤百福氏が50年以上前に開発したチキンラーメンを例にとってみましょう。チキンラーメンが発売

される前は、誰もお湯をそそぐだけでラーメンが食べられるとは思いもしませんでした。従って、消費者にとっては、ラーメンは煮てつくることが当たり前で、それが面倒とは考えなかったのではないでしょうか。しかし、チキンラーメンの発売によってラーメンが熱湯を注ぐだけでつくれるという便利さを知ったため、消費者に「手間をかけてラーメンをつくることは面倒だ」という意識が芽生えました。つまり、チキンラーメンが、手間をかけてラーメンをつくることは面倒だという問題意識（問題解決ニーズ）を顕在化させたのです。同時に、手間をかけずに食べられる新しいラーメンや食品に対する欲求（解決手段ニーズ）も生じました。また、調理に手間のかかる従来のラーメンや食品に対する不満（手段改善ニーズ）も、生まれたのではないでしょうか。

　潜在ニーズは、顧客自身が気づいていないのですから、顧客へ直接質問しても分かりようがありません。そのため、潜在ニーズの発見には、まず新製品・サービスを開発し発売して、その優れた価値によって結果的に顧客の潜在ニーズを掘り起こすという間接的な方法をとります。発売した製品・サービスが売れた場合には、顧客がその価値に気づいた結果、もともと存在した潜在ニーズが掘り起こされて、顕在ニーズに転化したと判断する訳です。逆に、もし売れなかった場合には、もとから潜在ニーズが存在しなかった、あるいは新製品・サービスの価値がそれほど高くなかったと、判断することになります。

　ちなみに、多くの企業が長年にわたって多様な新製品・サービスを開発し、潜在ニーズを掘り起こしてきています。そのため、新製品・サービスがよほど革新的あるいは顧客の意表を突いたものでなければ、今後新たに潜在ニーズを掘り起こすことはなかなか難しいと思われます。

【図表2-1】顧客ニーズの区分

名　称		顧客ニーズの内容
顕在ニーズ	問題解決ニーズ	・顧客が抱える問題の解決を求める漠然とした欲求。製品・サービスを必要とする元々の動機。
	解決手段ニーズ	・問題を解決する手段としての製品・サービスを求める欲求
	手段改善ニーズ	・（顧客が抱える問題を十分に解決できない）製品・サービスの改善を求める欲求
潜在ニーズ（後追いニーズ）		・顧客の潜在意識下に潜んでいるため、顧客が意識もせず気づいてもいない欲求。新製品・サービスによって顕在化することが多い。

(4) ゼロ志向ニーズとプラス志向ニーズ

これは、顧客が求める方向に着目して、顧客ニーズを区分したものです。

① ゼロ志向ニーズ

ゼロ志向ニーズは、顧客はマイナスの問題を抱えており、「その問題を解決してゼロの状態にしたい」という欲求があるという見方に基づきます。マイナスの状態にある顧客がゼロの状態を目指すので、「ゼロ志向ニーズ」と呼びます。

ゼロ志向ニーズにおけるマイナスの問題とは、「不平、不満、不足、不便、不自由、不安、心配、負担、不利、短所、寒い」などの単語が含まれる言葉で表現される状態のことです。否定的、消極的、あるいは悲観的な響きのある単語です。先頭に「不」のつく単語に多く見られます。具体的な例としては、次頁の【図表2−2】をご参照ください。

② プラス志向ニーズ

この場合、顧客はマイナスの問題を抱えている訳ではなく、「現状よりもっと良くなりたい、もっと成長したい」といった前向きの問題意識・目標を持っていると考えます。顧客が目指すのはプラスの状態なので、「プラス志向ニーズ」と呼びます。

プラス志向ニーズを表す言葉としては、「希望、願望、望み、計画、目標、方針、課題」といった前向きな響きのある言葉が思い浮かびます。

なお、これらの言葉はゼロ志向ニーズとして使われる場合もありますので、

混同しないよう注意が必要です。たとえば「課題」を例にとりますと、さらなる成長を目指す場合の「課題」はプラス志向ニーズ、そして目前に迫る経営破綻を回避するための「課題」はゼロ志向ニーズを、それぞれ表します。

【図表2-2】 ゼロ志向ニーズとプラス志向ニーズを表す言葉の例

ゼロ志向ニーズ	～が不便、～が不満、～が不足、～は不要、～が不自由、～が不安、～が不利、～が心配、～が悩み、～が負担、～が問題、～が課題、～を改善すべき、～しにくい、～はダメ、～しづらい、～が気になる、～がまずい、～はこりごり、～しすぎ、～は勘弁、～があったらいい、～がなければ（なくても）いい、～は余計、～はつまらない
プラス志向ニーズ	～を目指す、～を達成する、～を実現する、～の計画・目標・方針・課題に取り組む

２．顧客価値

顧客は、「顧客価値」を得るために製品・サービスを購入します。従って、顧客価値のない新製品・サービスを開発しても、失敗するだけです。

(1) 顧客価値の概要

顧客価値とは、前述の顧客ニーズを満たす製品・サービスの価値のことです。製品・サービスの根幹をなす概念であり、製品・サービスの存在理由でもあります。顧客が製品・サービスを購入・利用する狙いあるいは理由とも言えます。

> 顧客価値とは、顧客ニーズを満たす製品・サービスの価値であり、製品・サービスの存在理由。

顧客価値についてより詳しく分析したものとしては、以下の「マイルズの公式」と「顧客価値の構成」の二つがあります。

① マイルズの公式

Ａ．マイルズの公式とは

これは、顧客価値を式として定義したもので、主として生産管理のVE（Value Engineering、価値工学）の分野で用いられています。

$$顧客価値 = 機能 \div コスト$$

同式によれば、顧客価値は分子の「機能」と分母の「コスト」の関係で決

まります。つまり、分子の顧客が重視する「機能」が大きくなればなるほど、分母の顧客の「コスト」が小さくなればなるほど、顧客価値が高まることになります。また、顧客価値を最大にするには、分子の「機能」を最大にして、分母の「コスト」を最小にすることが必要です。

分子の製品・サービスの「機能」については、第1章で詳しくご説明しましたので、ここでは触れません。

分母の「コスト」には、購入時の費用だけではなく、購入から廃棄までの間に生じるすべての費用を含みます。これを「ライフサイクル・コスト」と呼びます。たとえば自動車のライフサイクル・コストには、購入時の車両などの購入費、税金、保険料だけでなく、購入後に支払う燃料代、高速料金、車検代、保険料、修理費、そして廃棄時の車両処分代などが含まれます。

B．新製品・サービス開発への示唆

マイルズの公式からは、新製品・サービスの開発について次のような示唆を得ることができます。

新製品・サービスの顧客価値を最大にするためには、「機能」を最大に、「コスト」を最小にすることが必要です。ここでの「機能」とは、あくまでも顧客が求める「機能」であり、企業が押し付ける「機能」ではありません。また、「コスト」も顧客にとっての「ライフサイクル・コスト」であり、企業としての「コスト」ではありません。

② **顧客価値の構成**

A．顧客価値の構成

顧客価値と一言で言いますが、顧客価値は実際にはさまざまな価値から構成されます。次の表をご覧ください。

第1部　基礎知識

【図表2-3】顧客価値を構成する主な価値の種類（例）

利用価値	利用することによって得られる価値。機能・性能に起因。
品質価値	品質の良さから生まれる価値。品質に起因。
保有価値	保有することによって得られる価値
貴重価値	それ自体の貴重性から生まれる価値
希少価値	希少であることから生まれる価値
交換価値	他のものと交換できる価値

　最初の「利用価値」は製品の機能、性能、特性などから生み出される価値、二番目の「品質価値」は品質の良さから生み出される価値、三番目の「保有価値」はそれを保有することによって得られる価値のことです。四番目以降の価値の内容は、表に記載の通りです。

　それらの内のどの価値が実際の顧客価値となるかは、以下の通り製品・サービスの種類によって異なります

ａ．消費財と生産財

　　最寄品と生産財については、通常は「利用価値」と「品質価値」の二つが中心の価値となります。

　　一方、買回り品と専門品では、一般的に「利用価値」、「品質価値」、「保有価値」が重視されます。また、専門品の中の特殊な財、たとえば貴金属については「希少価値」、書画骨董については「貴重価値」や「保有価値」が主な価値となります。

ｂ．サービス

　　サービスは、形がなく機能そのものです。そのため、サービスでは通常、「利用価値」が顧客価値の大部分を占めます。

Ｂ．新製品・サービス開発への示唆

　上記からは、新製品・サービスの開発に当たっては、顧客がどの価値を重視するかを正確に把握した上で、それらの価値を十分に提供するように開発・設計する必要がある、ということが分かります。

(2) **顧客価値を表す言葉**

　顧客価値は目に見えませんが、言葉である程度は判断できます。つまり、言

葉の中に「魅力、特長、利点、効用・便益、効果、安心、解消、達成、解決」といった前向きあるいは肯定的な単語が含まれていれば、顧客価値を表す場合が多いと考えられます。

ちなみに、第1章でゼロ志向ニーズとプラス志向ニーズについて紹介しましたが、それぞれのニーズと（それらを満足させる）顧客価値との対応関係を具体的な言葉を使って整理したのが、下の表です。

【図表2-4】顧客ニーズと顧客価値の具体的な対応関係（例）

	顧客ニーズを表す言葉 ━━▶	顧客価値を表す言葉
ゼロ志向ニーズ	～が不平、～が不満、～が不足	～を解消、～に満足、～が十分
	～が不便、～が不自由	～は便利、手軽に～できる、～しやすい
	～が不安、～が心配、～が悩み	～は安心・安全、～は解消、～が軽減
	～が問題、～が要改善、～が要対策	～は解決、～のソリューション
	～が不利、～が短所、～がまずい	～は有利、～は利点、～はおいしい
プラス志向ニーズ	～の差別化を目指す	～は特長・長所・魅力、～はお得
	～を希望・願望・望む	～を実現、～を成就、～を促進・増進
	～を計画、～を目標、～の方針	～を達成、～を完成、～を完遂

3．製品・サービスのコンセプト

優れたコンセプトを開発できるかどうかで、新製品・サービスの成否が決まります。

(1) コンセプトとは

コンセプトとは、本来は「概念・観念」を意味しますが、製品・サービスについては、「もっとも顧客にアピールしたい顧客価値を言葉、文章、図形などで簡潔に表現したもの」を指します。（ちなみに、前出のフィリップ・コトラー氏は、コンセプトを「アイデアを消費者の言葉で表現したもの」と定義しています。）

顧客価値は目に見えないので、「簡単な言葉や文章」と「ラフスケッチ、デッサン、模型などの簡単な図形や物体」を組み合わせて「見える化」するのです。

> コンセプトとは、製品・サービスのもっとも顧客にアピールしたい顧客価値を言葉、文章、図形などで簡潔に表現したもの。

(2) コンセプトの位置づけと重要性

① コンセプトの位置づけ

新製品・サービス開発のプロセスにおけるコンセプトの位置づけについて、簡単に触れます。

本書の「はじめに」で図示しました通り、新製品・サービスの開発は「構想段階」と「具体化段階」の二つの段階で構成されます。そして、「構想段階」の最終の局面で、選ばれたアイデアがコンセプトという形で「見える化」されることになります。つまり、コンセプトは、たくさんの候補の中から選りすぐられたアイデアの勝者ということになります。（これらの手順については、第5章と第7章で詳しくご説明します。）

また、本書の範囲ではありませんが、その後の「具体化段階」では、コンセプトに基づいて製品・サービスの機能やデザインが具体的に設計されることになります。つまり、コンセプトは、アイデアを実際の新製品・サービスとして落し込めるように具体化したもので、新製品・サービスの根幹をなすものなのです。

② コンセプトの重要性

以上の説明からお分かりいただけたと思いますが、コンセプトは新製品・サービスの根幹をなすものであり、優れた新製品・サービスを開発できるかどうかは、優れたコンセプトを開発できるかどうかにかかっています。優れたコンセプトを開発できないということは、顧客にアピールしたい顧客価値があいまいということであり、新製品・サービスは失敗となる可能性が高くなります。

(3) コンセプトの文章での表現方法

ここでは、コンセプトを簡単な言葉や文章で表現する場合について、詳しく見てみます。それ以外での表現方法については次の(4)で触れます。

コンセプトを文章で表現する場合は、四つの要素に分解して表現します。「だれに」、「どんな場面で」、「どんな方法で」、「どんな価値」を提供するのか、です。これらのポイントを明確にすることによって、コンセプトをより具体的にイメージできるようにするのです。

第2章　アイデア開発に必要な四つの概念

【図表2-5】コンセプトの4つの構成要素

だれに	どんな場面で	どんな方法で	どんな価値を提供するのか
価値を提供するのか			

① だれに（WHO）

　だれに顧客価値を提供するのか、つまりどんな顧客や市場を新製品・サービスのターゲットとするのかを明確にします。以下、ターゲットが一般消費者である場合と法人である場合に分けて、ご説明します。

A．一般消費者（消費財、個人向けサービス）

　中小企業にとっては、全国の一般消費者を一律にターゲットとすることには無理があります。資金などの経営資源の制約があり、個人がもつ多様なニーズのすべてに応えることも困難だからです。また、全国市場では大企業と直接戦うことにもなります。

　したがって、通常は全国の一般消費者を一定の変数に基づいて「市場セグメント」と呼ばれる市場に細分化して、その中から一つあるいは複数の市場セグメントをターゲットとして選択します。（実際には、市場セグメントを特定のニーズなどの変数に基づいてさらに細かく区分した市場、あるいはその隙間にある市場、いわゆる「ニッチ市場」をターゲットとすることもありますが、ここではそれについては触れません。）

　以下、一般消費者を細分化する変数について触れた上で、その具体的な手順についてご説明します。

a．細分化の四つの変数

　一般消費者を区分する変数としては、たとえば次の表の「地理的変数」、「人口統計的変数」、「心理的変数」、「行動的変数」の四つが代表的です。

　最初の三つの変数は「消費者の特性」にもとづくものです。

　四番目の「行動的変数」は、「製品・サービスへの消費者の反応」に基づくもので、これによる市場の細分化がもっとも重視されています。

【図表2-6】個人消費者の市場セグメントの分類（米国）

変　数	項　　　目
地理的変数	・地域　　・郡　　・都市規模　　・人口密度　　・気候
人口統計的変数	・年齢　　・性別　　・家族数　　・家族ライフサイクル　　・所得 ・職業　　・学歴　　・宗教　　・人種　　・国籍
心理的変数	・社会階層　　・ライフスタイル　　・性格
行動的変数	・購買契機（定期的な契機、特別な契機） ・追及利益（品質、サービス、経済性） ・使用者状態（非使用者、旧使用者、潜在的使用者、初回使用者、定期的使用者） ・使用頻度（少量使用者、中程度使用者、大量使用者） ・ロイヤルティ（無、中間、強、絶対） ・購買準備段階（無知、知っている、知識あり、興味あり、欲望あり、購買意思あり） ・製品への態度（非常に肯定的、肯定的、どちらでもない、否定的、全く否定的）

（出典）『マーケティング・マネジメント［第７版］』フィリップ・コトラー著　村田昭治監修　小阪恕、疋田聰、三村優美子訳　プレジデント社　(1996) p.227
（注）上表は米国での事例なので、宗教、人種、国籍、社会階層など、わが国では利用が難しい項目も含まれています。

b．細分化の手順

　　まず、四つの変数の中から、あなたの会社が開発しようとしている新製品・サービスの顧客の区分としてもっともふさわしい変数を選択します。選択する変数は、一つでも複数でも構いません。（ここでは、たとえばあなたの会社が新しい男性用スーツの開発を進めていると仮定して、人口統計的変数を選択したことにします。）

　　次に、選択した各々の変数ごとに内訳の項目を選択します。選択する項目は一つでも複数でもかまいませんが、複数の項目を選択して組み合わせるのが一般的です。（事例としては、あなたの会社では、人口統計的変数の「年齢」、「家族ライフサイクル」、「所得」、「職業」を選択したとします。）

　　そして、上記で選択した項目をさらに細分化し、その中からあなたの会社のターゲットとする市場セグメントを決めます。（事例としては、あなたの会社では、「年齢」は二十代前半、「家族ライフサイクル」は就職直後、「年収」は200〜300万円、「職業」は会社員、を顧客セグメントとして選択したことにします。）これで、市場の細分化と市場セグメントの選択は一応完了です。

第2章　アイデア開発に必要な四つの概念

【参考情報】市場セグメントとしての条件
市場セグメントとしては、以下のような条件を満たす必要があります。
1. 市場の規模や購買力がある程度測定可能であること。市場規模や購買力が客観的に把握できないと、新製品・サービスをどのように販売していくか、あるいはどの程度の売上げや利益が見込めるかなどのマーケティング戦略を、具体的に策定できないからです。
2. 大き過ぎず小さ過ぎないこと。「大き過ぎる」と大企業が参入してくる懸念がありますし、逆に「小さ過ぎる」と事業として採算が取れない可能性があるからです。
3. 一般消費者へ製品・サービスを届けることが可能であること。
4. 今後成長する見込みがあること。衰退市場で残存者利益を追求するという確固たる戦略があれば別ですが、そうでなければ、そのような市場をわざわざ狙う必要はありません。
5. 多くの会社による激しい競争が繰り広げられていないこと。逆に、一社による独占あるいは複数社による寡占の状態にもないこと。経営資源に制約のある中小企業にとっては、そのような市場は避けることが賢明です。

B．法人（生産財、法人向けサービス）

法人の顧客・市場については、次の二つの区分によって細分化します。

a．一般的な区分

これは、たとえば下表に記載しました項目に基づいて市場を細分化し、その中からターゲットとするセグメントを決めるものです。

【図表2-7】法人の細分化の項目

変数	細分化の項目
取引状況	既取引先（取引年数、取引額）、未取引先（過去取引あり、見込度あり、完全白地）、など
法人概要	形態（株式会社、非営利法人、官公庁など）、業種・業態、上場・非上場、規模（資本金、売上高、各種利益、従業員数など）、業況、系列・資本関係、取引銀行、経営者、社歴、事業内容、市場（国内のみ、海外展開、など）、製品・サービスの種類、など
所在地	都道府県、市町村、など

b．ボノマとシャピロによる区分

この区分は、フィリップ・コトラー氏が「ボノマとシャピロによる説」として紹介しているものです。

【図表2-8】ボノマとシャピロによる区分

変数	細分化の項目
人口統計的変数	狙うべき産業、企業規模、地域
営業変数	狙うべき技術、使用頻度、サービスの多寡
購買アプローチ変数	購買組織は中央集権的か分散的か、技術志向か財務志向の会社か、会社関係が密接かどうか、リース契約かシステム購買かといった購買方針、品質志向かサービス志向か価格志向かといった購買決定基準
状況要因変数	緊急性、受注量
個人的特性変数	売り手と買い手の価値観の近似性の程度、リスク負担への考え方、ロイヤルティ

（出典）『マーケティング・マネジメント［第7版］』フィリップ・コトラー著　村田昭治監修　小阪恕、疋田聰、三村優美子訳　プレジデント社（1996）p.232

② どんな場面で（TPO）

　新製品・サービスはどんな「場面」で利用または購入されるかを、想定します。場面としては、「いつ（Time）」、「どんな場所で（Place）」、「どんな状況で（Occasion）」の三つの局面について検討します。

　なぜTPOが重要なのでしょうか。それは、TPOが異なると、同じ消費財でも製品の属性に多くの点で違いが生じることがあるからです。たとえば、高谷和夫氏は、著書『日経文庫　商品開発の実際』の中で、消費財を日常品として販売する場合と土産品や贈答品として販売する場合とでは、下表のようなさまざまな相違がでてくると指摘されています。

【図表2-9】消費財のTPOによる相違点

	日　常	非　日　常
ＴＰＯ	普段の生活	お土産、ギフト、物産展など
価　格	500円以下	600円以上
表　示	メーカー名の表示	○○名産などの特産表示
包　装	シンプル	ギフト包装
競　合	ＮＢ商品	他の特産品
販　路	スーパー、百貨店など	土産店、物産館など

（出典）『日経文庫　商品開発の実際』高谷和夫著　日本経済新聞社（2002年）p.30

③ どんな方法で（HOW）

これは、「どんな価値を」を実現するための具体的な方法、技術、スキル、ノウハウを意味します。

ここで挙げる方法、技術、ノウハウなどは、未踏や未開発のものでも構いません。今後開発が必要なものについては、開発目標として掲げます。むしろ既存の技術やノウハウで足りる場合は、新規性のない平凡な新製品・サービスになるのではないかと心配されます。足りない技術やノウハウは、今後コンセプトを具体的な製品・サービスとして仕上げていく過程で、開発したり蓄積したりすればよいのです。

④ どんな価値を（WHAT）

これがもっとも肝心です。新製品・サービスがどんな顧客価値を提供するかを明確にします。顧客価値とは、前節の繰り返しになりますが、顧客ニーズを満たす製品・サービスの価値のことです。これが、もっとも顧客にアピールしたい「売り」となります。

下表に顧客価値を表す言葉の例を記載しましたので、ご参照ください。「どんな価値を」の表現は、これらの言葉を中心にして組み立てます。

ただし、競合する製品・サービスと同じように見られる顧客価値は、顧客に強くアピールすることはできません。顧客に強くアピールするには、顧客価値に大きな意外性があることが求められます。たとえば「顧客価値」が「安全・安心」な点だとすると、単に「（他の製品と同じ程度に）安全・安心ね」ではなく、「びっくりするほど安全！」、「（あんなに〇〇なのに、）とても安心！」というように、顧客が感動をもって受けとめてくれることが必要です。

【図表2-10】顧客価値の中心となる言葉の例

～を解消、～に満足、～が十分、～は便利、手軽に～できる、～しやすい、～は安心・安全、～が解消、～が軽減、～は解決、～のソリューション、～は有利、～は利点、～はおいしい、～は魅力的、～はお得、～を実現、～を成就、～を促進・増進、～を達成、～を完成、～を完遂

(4) コンセプトの文章以外での表現方法

ここでは、コンセプトが文章以外で表現される場合について見てみましょう。

① 有形財（消費財と生産財）

　有形財については、機能、性能、品質といった抽象的な顧客価値は文章で表現されますが、デザインなどの外形によって魅力や特長をアピールする場合には、デッサン、スケッチ、模型などもコンセプトの一部として使われます。たとえば婦人用衣料品の場合は、言葉によって品質や着心地の面でのコンセプトを表し、デッサンによってデザイン面でのコンセプトを表現することになります。

② サービス

　サービスは、もともと機能そのもので形がないことから、コンセプトは原則として文章で表現されます。ただし、サービスの提供に必要不可欠な店舗、設備、機器などについては、簡単な図面、図案やスケッチがコンセプトに含まれることもあります。

4．製品・サービスの差別化

新製品・サービスが成功するには、競合する製品・サービスに対して「差別化」されていることが必須となります。

(1) 製品・サービスの差別化の概要

　製品・サービスの「差別化」とは、「競合する他の製品・サービスとの違い」をだすための取組みのことです。その違いとは、「独自」あるいは他の製品・サービスの価値を上回る「付加価値」を顧客に提供することです。

> 製品・サービスの差別化とは、競合する他の製品・サービスとの違いをだすための取組み。

　この考え方は、マイケル・ポーター氏が提唱した「競争の基本戦略」が根拠となっています。同氏は、自社製品が他社製品に対して競争優位に立つための方策の一つとして差別化を推奨しています。以下、次の表に沿って同戦略の概要をご説明します。（詳細については、他の書籍をご覧ください。）

第2章　アイデア開発に必要な四つの概念

【図表2-11】 マイケル・ポーターの「競争の基本戦略」

		戦略優位の構築のタイプ	
		他社よりも低コスト	差別化・製品の特異性
標的市場	全体 （広いターゲット）	コスト・リーダーシップ戦略	差別化戦略
	部分的 （狭いターゲット）	集中戦略 （コスト集中戦略）	（差別化集中戦略）

（出典）『よくわかる経営戦略論』井上善海・佐久間信夫編著　ミネルヴァ書房（2008）p.40

① **広い市場をターゲットとする場合**

　これは、全国市場などの広い市場をターゲットとするもので、主に大企業が対象となります。

　この場合は、低コストを強みとする「コスト・リーダーシップ戦略」、あるいは、他の製品に対する違いを強調する「差別化戦略」のいずれかの戦略を採ることになります。（ちなみに、「コスト・リーダーシップ戦略」での低コストは、主に「規模の経済性」と「経験曲線効果」によって生じます。）

【参考情報】規模の経済性と経験曲線効果

1. 規模の経済性（スケール・メリット、規模の利益）とは、製品をたくさん生産すればするほど、その単位当たりのコストが下がる効果のことです。生産が増えるにつれて、製品ごとの固定費や（大量仕入れによる値引き効果で）原材料費などが低下するからです。
　　ちなみに、規模の経済性と対比される用語として「範囲の経済性」があります。これは、複数の事業や製品を手掛ける場合に、経営資源の共用化などにより製品の単位当たりのコストが下がる効果を指します。
2. 経験曲線効果とは、製品の累積生産量が増えるにつれて、製品の単位当たりの生産コストが低減する効果のことです。一般的に、累積生産量が2倍になるごとに、製品ごとの生産コストが20～30%低下するとされています。これは、習熟度が高まるにつれて、生産のスピードが上がったり、不良品の発生が減るなどの理由によるものです。

---

② **狭い市場をターゲットとする場合**

　これは、特定のセグメントなどの狭い市場をターゲットとする場合ですので、主に中小企業向けとなります。

　この場合には、その市場に経営資源を集中する「集中戦略」が基本となり

ます。さらに、「集中戦略」では、低コストを強みとする「コスト集中戦略」、あるいは、他の製品との違いをアピールする「差別化集中戦略」のいずれかの戦略を採用することになります。

(2) **製品・サービスの差別化の重要性**

市場には類似の製品・サービスが溢れています。そのため、あなたの会社がさまざまな努力を傾注して新製品・サービスを開発したとしても、それが他の製品・サービスに対して差別化されていなければ、大きな売上げは期待できません。差別化されていない製品・サービスは、顧客にとっては新鮮味がなく、他の製品・サービスと変わり映えしないからです。

もちろん、新製品・サービスが画期的である場合は、話は異なります。差別化について心配するには及びません。画期的であること自体が、最大の差別化だからです。

(3) **製品・サービスの差別化の方法**

製品・サービスの差別化の方法としては、もっとも顧客にアピールしたい顧客価値である「コンセプトによる差別化」と製品・サービスの「属性による差別化」の二つがあります。その内、前者の「コンセプトでの差別化」の方が、より本質的な差別化をもたらす可能性があります。（なお、本書では触れませんが、広義の製品・サービスの差別化としては、QCDなどの生産管理面での差別化や販売チャネルなどのマーケティング面での差別化もあります。）

① **コンセプトによる差別化**

これは、「新しいコンセプトの創造」あるいは「既存のコンセプトの強化または変更」によって、自社の製品・サービスのコンセプトを競合する製品・サービスに対して差別化するものです。

Ａ．**新しいコンセプトの創造**

市場初の製品・サービスの開発を目指して、誰も見たことも聞いたこともない新しいコンセプトを開発します。

Ｂ．**既存のコンセプトの強化または変更**

既存のコンセプトを強化または変更することによって、他社の製品・サービスとの違いを際立たせます。

② 属性による差別化

　属性による差別化とは、製品・サービスの属性の面から差別化する方法で、それには、「基本形を形づくる属性での差別化」と「それ以外の属性での差別化」の二つがあります。

　属性の種類と各々の属性を構成する要因・特性については、第1章で詳しく説明しましたが、下表に改めて整理します。

【図表2-12】製品・サービスの属性一覧

［製品］

属性の種類		要素・特性	
製品の基本形	機能的属性	要素	機能・性能、品質、など
		特性	安全性、快適性、など
	デザイン属性	要素	デザイン、スタイル、色、模様、柄、サイズ、重量、など
		特性	クラシック、現代的、斬新、独創的、など
サービス属性			信用供与、配達、アフターサービス、など
イメージ属性			ブランド名、広告、口コミ、など
価格属性			コスト、価格

［サービス］

属性の種類		要素・特性	
基本形	中核的サービス	要素	
		特性	
	付属的属性	ハード	
		ソフト	
周辺的属性			中核的サービスを補完するサービス
イメージ属性			屋号、評判、広告、など
価格属性			コスト、価格

A．基本形を形づくる属性での差別化

　製品とサービスの基本を形づくる属性とは、第1章で説明しました通り、製品については「機能的属性」と「デザイン属性」、サービスについては「中核的サービス」と「付属的属性」を、それぞれ指します。

　属性での差別化は、属性を構成する要素や特性を「変更」することによって行います。「変更」とは文字どおり現状を変えることであり、刷新、追加、拡大、強化、低減などの方法があります。たとえば、製品の機能的属性の中の「機能」という要素を刷新したり、追加したり、強化したり、低減することによって、差別化します。あるいは、デザイン属性の中の特性を、たとえば現在の「クラシック」から「コンテンポラリー」へ変更することによって、

差別化します。

これらの属性は、繰り返しになりますが、製品・サービスの基本を形づくるものですので、属性での差別化はアイデアの開発段階で織り込むことが必要です。属性での差別化そのものが、新製品・サービスの優れたアイデアになることも当然ありえます。

B．それ以外の属性での差別化

それ以外の属性とは、製品については「サービス」、「イメージ」、「価格」、そして、サービスについては「周辺的属性」、「イメージ」、「価格」のことです。これらの属性による差別化について、以下、具体的に見てみましょう。

a．サービス属性と周辺的属性による差別化

これは、自社の製品・サービスに、競合する製品やサービスにはない新しいサービス属性や周辺的属性を付加して、その違いをアピールするものです。

「サービス属性」による製品の差別化、あるいは「周辺的属性」によるサービスの差別化は、市場が成熟化して、製品・サービスが「日用品（コモディティ）化」している場合に特に有効と言われています。

b．イメージによる差別化

これは、広告宣伝、口コミ、販売促進などのプロモーション、ブランド戦略などを通じて、自社の製品・サービスのイメージを競合する製品・サービスに対して差別化するものです。

c．価格による差別化

価格での差別化としては、製品・サービスの高級化や高品質化に伴う「高価格化」と、逆の廉価版・普及版の導入による「低価格化」が考えられます。

なお、価格面での差別化について、以下、二つの点をおことわりしておきます。

第一に、「高価格化」あるいは「低価格化」による差別化は、製品・サービスの高級化や廉価版の開発がその前提になるということです。つまり、両方とも、上述しました「基本を形づくる属性による差別化」が主体であ

り、価格は、あくまでもそれを補完する位置づけにすべきです。価格主導の単なる値上げや値下げではありません。価格主導の単なる「値下げ」は、経営体力とコスト競争力のある大企業向けの戦略です。経営資源に制約のある中小企業にはお勧めできません。

　第二に、「価格による差別化」と前出の「競争の基本戦略」の「コスト・リーダーシップ戦略」は、根本的に異なるということです。「価格による差別化」は、上記の繰り返しになりますが、製品・サービスの改良や新規開発に伴っての差別化です。一方、「コスト・リーダーシップ戦略」は、規模の経済性などによる生産コストの低減効果に基づくものです。

【図表2-13】製品・サービスの差別化

差別化の対象		差別化の内容
コンセプト		○コンセプトの差別化 ・市場でまだ見られない新しいコンセプトの創造 ・既存のコンセプトの強化または変更することによって、他社製品との違いを際立たせる。
属性	基本形を形づくる属性	○製品 ・「機能的属性」と「デザイン属性」での差別化 ○サービス ・「中核的サービス」と「付属的属性」での差別化
	それ以外の属性	○サービス・周辺的属性による差別化
		○イメージによる差別化
		○価格による差別化

（注）上記の他に、Q（品質）、C（コスト）、D（納期）等の生産管理面での差別化や販売チャネルなどのマーケティング面での差別化といった広義の差別化もあります。

第3章 新製品・サービス開発の三つのアプローチ

　新製品・サービスをどのような方向で開発するかは、アイデア開発の根幹にかかわります。本章では、その基本的な方向（以下、「開発アプローチ」と呼びます）について触れた上で、個々のアプローチの概要とアプローチの選択方法について具体的にご紹介します。

> 1．開発の基本的なアプローチ
> 2．用途開発アプローチ
> 3．改良アプローチ
> 4．新規開発アプローチ
> 5．アプローチの選択方法

1．基本的な開発アプローチ
　新製品・サービスを開発する基本的なアプローチとしては、「用途開発」、「改良」、「新規開発」の三つが考えられます。

第1部　基礎知識

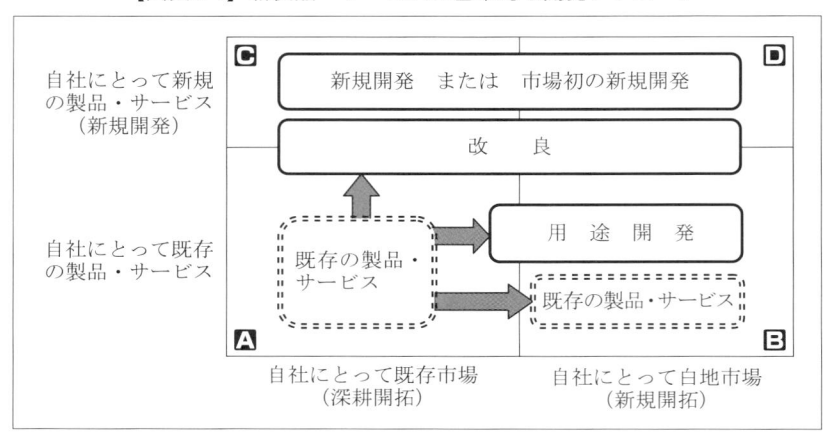

【図表3-1】新製品・サービスの基本的な開発アプローチ

```
            C                                              D
  自社にとって新規  ┌──────────────────────────────────┐
  の製品・サービス │     新規開発　または　市場初の新規開発    │
    （新規開発）   └──────────────────────────────────┘
                  ┌──────────────────────────────────┐
                  │              改　　良              │
                  └──────────────────────────────────┘
                                ↑
                       ┌ ─ ─ ─ ─ ─ ┐  ┌──────────────┐
  自社にとって既       │ 既存の製品・│→ │   用　途　開　発   │
  存の製品・サービス   │  サービス  │  └──────────────┘
                       └ ─ ─ ─ ─ ─ ┘     ┌ ─ ─ ─ ─ ─ ─ ─ ─ ┐
                                      →  │  既存の製品・サービス │
                                          └ ─ ─ ─ ─ ─ ─ ─ ─ ┘
            A                                              B
            自社にとって既存市場              自社にとって白地市場
              （深耕開拓）                      （新規開拓）
```

(1) 市場の区分と三つの開発アプローチ

① 市場の四つの区分

上図は、縦軸に「新製品・サービスが自社にとって既存か新規か」の二つの観点、そして横軸に「ターゲットとする市場は自社にとって既存か新規か」の二つの観点を置いたものです。それぞれの観点を組み合わせることで、**A**から**D**までの四つの市場に区分されます。

Aの市場は、既存の製品・サービスで既に開拓している「既存市場」です。

Bの市場は、既存の製品・サービスでは未だ開拓できていない「白地市場」を指します。

Cの市場は、既存の製品・サービスで既に開拓してはいるが、さらに新製品・サービスの市場としても狙える「既存市場」のことです。

Dの市場は、既存の製品・サービスでは未だ開拓できておらず、さらに新製品・サービスの市場としても狙える「白地市場」です。

② 三つの開発アプローチ

上記のそれぞれの市場について、どのような方向で新製品・サービスを開発するかが問われます。それが開発アプローチです。

Aの「既存市場」については、既存の製品・サービスを「改良」あるいは「用途開発」した新製品・サービスを投入することによって、深耕開拓します。

Bの「白地市場」については、既存の製品・サービスをそのまま投入するか、あるいは既存の製品・サービスを「改良」または「用途開発」した新製品・サービスを投入することによって、新規開拓します。

　Cの「既存市場」については、既存の製品・サービスを「改良」した新製品・サービスあるいは（既存の製品・サービスとは関連のない）「新規開発」した新製品・サービスを投入して、深耕開拓します。

　Dの「白地市場」についても、**C**の「既存市場」と同様に、既存の製品・サービスを「改良」した新製品・サービスあるいは「新規開発」した新製品・サービスを投入して、新規開拓します。

(2) **既存の製品・サービスとの関係**

　各々の開発アプローチと既存の製品・サービスとの関係については、上記で簡単に述べましたが、以下、確認のため繰り返します。

① **用途開発アプローチ**

　このアプローチでは、原則として既存の製品・サービスをそのまま活用して、新しい使途・用途を開発します。ただし、必要に応じて、製品・サービスの一部を改良することもあります。

② **改良アプローチ**

　改良アプローチでは、既存の製品とサービスを改良して新製品・サービスを開発しますので、既存の製品・サービスがアイデア開発のベースあるいは参考となります。

　そのため、後述します「小幅の改良」の場合には、開発した新製品・サービスと既存の製品・サービスの間になんらかの連続性や親近性が見られることになります。一方、同じく後述します「大幅な改良」の場合には、表面的には連続性が見られないケースも出てくると思われます。

③ **新規開発アプローチ**

　このアプローチでは、既存の製品・サービスをベースあるいは参考として一切活用せず、新製品・サービスのアイデアを開発します。そのため、既存の製品・サービスとまったく連続性のない新製品・サービスを開発することになります。

なお、新規開発した新製品・サービスの中には、自社にとって初物であり、市場にとっても初めての画期的な製品・サービスも含まれます。本書では、そのような新製品・サービスを「市場初の新規開発」と呼び、自社にとってだけの初物となる「新規開発（狭義）」とは区別します。

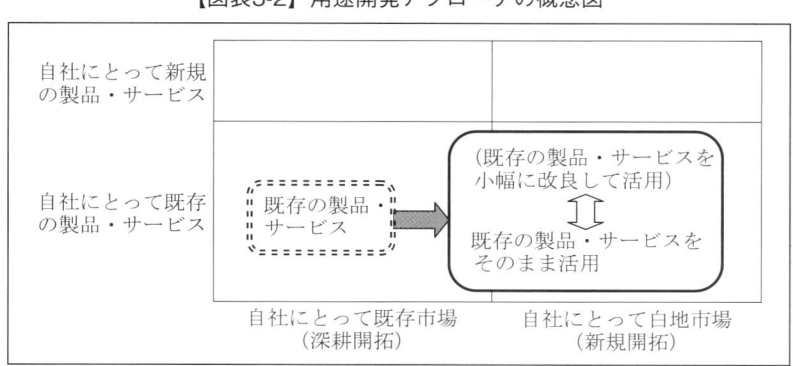

2．用途開発アプローチ

(1) 用途開発アプローチの概要

これは、既存の製品・サービスの新たな「用途」や「使用法」の開発を目指すものです。

> 用途開発アプローチとは、既存の製品・サービスの新たな「用途」や「使用法」の開発を目指す取組み。

用途開発アプローチでは、上述の通り製品・サービスは原則として現状のまま活用しますが、市場の状況や顧客ニーズに応じて、既存の製品・サービスを小幅に改良して活用することもあります。この点は、後述します「改良アプローチ」と同じですが、あくまでも新しい用途や使用法に合わせるために小幅に改良するのが、このアプローチです。

【図表3-2】用途開発アプローチの概念図

	自社にとって既存市場 （深耕開拓）	自社にとって白地市場 （新規開拓）
自社にとって新規 の製品・サービス		
自社にとって既存 の製品・サービス	既存の製品・サービス	（既存の製品・サービスを小幅に改良して活用） ⇅ 既存の製品・サービスをそのまま活用

(2) 用途開発の事例

① 既存の市場をターゲットとする場合

自社にとっての既存市場を対象とする用途開発の事例は、市場が成熟している分野、特に食品の分野で目立ちます。たとえば、醤油メーカーが、従来からの顧客である主婦に対して、醤油を使った新しいレシピや調理法を提案しています。これは、(従来からの顧客である) 主婦が醤油を使った新しい調理法で料理するようになれば、醤油の消費量は間違いなく増えるので、それを狙っているのです。

② 新規の市場をターゲットとする場合

自社にとっての白地市場を対象とする用途開発の事例としては、たとえばジョンソン&ジョンソンのベビーオイルが挙げられます。ベビーオイルは、その名前のごとく元々は乳幼児の保湿用に開発されましたが、今では女性のクレンジング(化粧落とし)としても愛好されています。

その他の例として、日本経済新聞に掲載された一つの表を以下に転載します。これは、生産財にかかわるものですが、その中の素材についての新たな用途や使用法に注目したものです。

【図表3-3】先端素材メーカーの用途開発による新市場創出の動き

素材（企業名）	従来の主な用途	開拓する用途
炭素繊維（東レ、三菱ケミHD等）	航空機やスポーツ用品	風力発電や自動車
水処理膜（東レ、日東電工）	海水淡水化プラント	放射性物質の除去や発電
アラミド繊維（帝人）	タイヤ補強材など	電子機器やスポーツ用品
ポリフッ化ビニリデン（クレハ）	リチウムイオン電池接着剤	太陽電池保護材
高吸水性樹脂＝SAP（日本触媒）	紙おむつ	砂漠の緑化

(出典) 日本経済新聞　2011年10月13日号

(3) 経営上の意義と取組み上の留意点

① 経営上の意義

このアプローチには、次のような経営上の意義があります。(その他に、「新製品・サービスの開発を通して会社の成長と発展を図る」という基本的な意義もありますが、それについては省略します。他の二つのアプローチについても同様です。)

Ａ．取組みが容易

　このアプローチは、製品・サービスについては原則として従来のまま利用し、その用途や使い方を考案するものです。そのため、このアプローチは、比較的容易に取り組めますし、開発コストを低く抑えることも可能です。したがって、時間や資金がない場合は、このアプローチがお勧めです。

Ｂ．既存市場の防衛と深耕開拓

　既存の製品・サービスの新しい用途や使用法を開発することによって、顧客離れを防止できるほか、既存顧客の購入頻度・回数や使用量の増加も期待できます。

Ｃ．新規場の開拓

　新しい用途・使用法を提案することによって、従来の用途・使用法では開拓が困難であった新規市場の開拓にもつながります。

② 取組み上の留意点

Ａ．安易な取組みの回避

　このアプローチに限りませんが、取組みが容易で開発コストが低いからといって、優れたアイデアを開発できるとは限りません。安易に流れないように気をつける必要があります。

Ｂ．経営資源の強化・蓄積の困難さ

　このアプローチは、既存の製品・サービスは原則としてそのまま利用しつつ、その「用途」を考案する方法なので、新製品・サービスのアイデア発想力や技術開発力はあまり必要とはされません。そのため、他の開発アプローチとは異なり、それらの能力の強化や蓄積にはつながりにくいという短所があります。

Ｃ．次の展開の困難さ

　このアプローチは、既存の製品・サービスの「用途」を考案する方法なので、一度その用途を徹底的に考え出しますと、それ以上の展開は困難となります。つまり、一度だけのアイデア開発となります。したがって、このアプローチのみに頼った新製品・サービスの開発では後が続かない、ということに留意する必要があります。

一方、次の３．でご説明します「改良アプローチ」では、一度改良した製品・サービスをさらに改良して、それをさらに改良していくという反復継続した展開が可能です。また、「新規開発アプローチ」についても、新規に開発した製品・サービスを継続して改良したり、それをベースにしてさらに新規開発に挑戦するといったことも可能です。

【図表3-4】 用途開発アプローチの経営上の意義と取組み上の留意点

経営上の意義	取組みへ上の留意点
・取組みが容易 ・既存市場の防衛と深耕開拓 ・新規市場の開拓	・安易な取組みの回避 ・経営資源の強化・蓄積の困難さ ・次の展開の困難さ

３．改良アプローチ

(1) 改良アプローチの概要

　これは、既存の製品・サービスを改良することによって、新製品・サービスを開発するものです。

> 改良アプローチとは、既存の製品・サービスの改良によって新製品・サービスの開発を目指す取組み。

　筆者がわざわざご紹介するまでもなく、すべての会社が日常の業務の中で、このアプローチを実践されているのではないかと思います。

【図表3-5】 改良アプローチの概念図

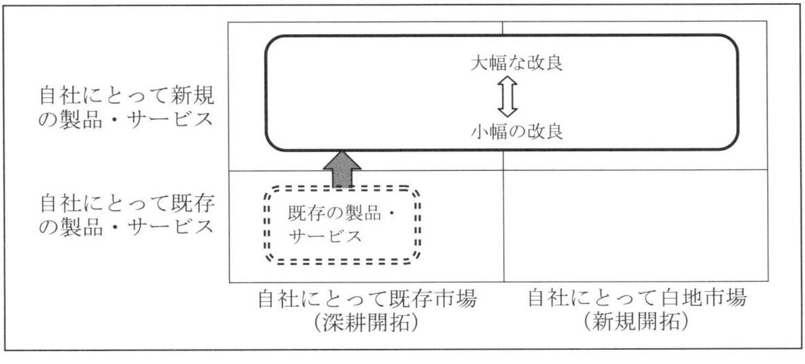

(2) 改良の程度による区分

改良アプローチには、改良の程度によって「小幅の改良」から「大幅な改良」までのさまざまな段階があります。

① 小幅の改良（マイナーチェンジ）

これは、既存の製品・サービスを部分的に改良するものです。この場合は、改良版の新製品・サービスと既存の製品・サービスの間に、大きな相違はありません。

小幅な改良では、これまでに蓄積してきた技術、ノウハウ、スキルなどの技術力やデザイン力をそのまま利用あるいは応用します。既存の技術などとの連続性を保ちながら、あるいは既存の技術などの延長線上で、新製品・サービスを開発することになります。したがって、一般的には、開発期間は短く、開発コストは低く抑えることが可能となります。

② 大幅な改良

既存の製品・サービスを大幅に改良するものです。人や業種によって定義が異なりますので一概には言えませんが、「大幅な改良」で生み出される新製品・サービスは、「モデルチェンジ」あるいは「バージョンアップ」と呼ばれるレベルから「オリジナル」と呼ばれるレベルまで、多岐にわたります。なお、サービスについては、改良の度合いが高くなると、まったく別のサービスに変質することもあります。

大幅な改良は、当然のことですが、小幅な改良の場合よりも開発期間は長く、開発コストは大きくなります。

(3) 改良アプローチの事例

改良アプローチの事例は、日常的に見ることができます。スーパー、コンビニ、ホームセンター、家電量販店のどこの店でも製品が溢れていますが、それらの大部分が既存の製品を部分的にあるいは大幅に改良したものです。従来はなかった市場初の製品が陳列棚に並ぶことは、めったにありません。

サービスについても、目には見えませんが、サービスを提供する企業が日々その改良に努めていることは間違いありません。そうではない企業あるいはサービスは、淘汰されて市場からの退場を迫られる恐れがあります。

(4) 経営上の意義と取組み上の留意点
　① 経営上の意義
　　　このアプローチには、次のA～Dのような意義があります。
　A．簡便な新製品・サービスの開発
　　　小幅な改良の場合は、上述しました通り技術などの蓄積をそのまま活かせるので、手っとり早く取り組むことができます。開発をより短い期間で終えることも可能です。
　B．既存市場の防衛と深耕開拓
　　　顧客は飽きっぽく、その好みは移り気です。一方で、あなたの会社の競合相手は、競って新たな製品・サービスを市場に投入しようしています。製品の機能・性能、品質、素材、デザイン、製造方法なども日進月歩で進化しています。そのため、あなたの会社の主力の製品・サービスがいつ顧客に飽きられたり陳腐化したりして、顧客が離れていかないとも限りません。
　　　改良アプローチは、小幅な改良と大幅な改良のいずれについても、まさに顧客離れの防止を狙ったものと言えます。既存の製品・サービスを計画的、継続的に改良し、新製品・サービスを市場に次々に投入することによって、市場の防衛を図るものです。同時に、既存市場の深耕開拓にもつながります。
　C．新規市場の開拓
　　　新製品・サービスを新たな市場に投入することによって、従来の製品・サービスでは開拓が困難だった新規顧客の開拓にもつながります。
　D．経営資源の強化・蓄積
　　　このアプローチによる取組みを通じて、新製品・サービスの開発に関する発想力、技術、知識、ノウハウ、人材といった経営資源を強化・蓄積することができます。
　② 取組み上の留意点
　A．安易な取組みの回避
　　　小幅な改良には、（用途開発の場合と同じく、）取組みが容易で開発コストが低いという長所があります。しかし、これらの長所は、あなたの会社の競合会社も等しく享受できる長所でもあります。多くの競合会社が、あなたの

第1部　基礎知識

会社と同じく改良アプローチを実行しているはずです。面白いアイデアは、既に競合製品に生かされている可能性があります。

従って、安易な取組み姿勢では、優れたアイデアを開発できるとは限りません。

B．開発リスクへの備え

改良が大幅になればなるほど開発リスクが高まりますので、周到なリスク・コントロールが必要です。

C．経営資源の事前の蓄積の必要性

後述の新規開発アプローチほどではありませんが、改良が大幅になればなるほど、高度な技術力、デザイン力、より多くの資金などが必要となります。

従って、いざという時に間に合うように、日頃からこれらの経営資源を蓄積しておくことが望まれます。

【図表3-6】改良アプローチの意義と取組み上の留意点

経営上の意義	取組み上の留意点
・ 簡便な開発　　　　　　　　　［小幅の改良］ ・ 既存市場の防衛と深耕開拓　　　　　［共通］ ・ 新規市場の開拓　　　　　　　　　　［共通］ ・ 経営資源の強化・蓄積　　　　　　　［共通］	・ 安易な開発の回避　　　　　［小幅の改良］ ・ 周到なリスク・コントロールの必要性 　　　　　　　　　　　　　［特に大幅改良］ ・ 経営資源の事前の蓄積　　　　　　［同上］

（注）表中の［共通］は「小幅の改良」と「大幅な改良」に共通という意味です。

4．新規開発アプローチ

(1) 新規開発アプローチの概要

このアプローチでは、自社にこれまでになかった新しい製品・サービスを開発して、既存市場と白地市場の両方に投入します。

前述の通り、既存の製品・サービスをベースあるいは参考とせずにアイデアを開発することが、このアプローチの前提です。既存の製品・サービスを少しでも参考にする場合は、前出の「改良」での開発として区別します。

> 新規開発アプローチとは、既存の製品・サービスをベースあるいは参考にしないで、新製品・サービスの開発を目指す取組み。

既存の製品・サービスをベースあるいは参考としない「新規開発」は、言うのは簡単ですが、経営資源に制約のある中小企業の皆さんにとっては、実際に取組み成果をあげるのはとても大変なことだと思います。それでも、あなたの会社にとって可能な範囲で、一歩ずつでもよいので、新規開発に取り組んでいかれるようお勧めします。

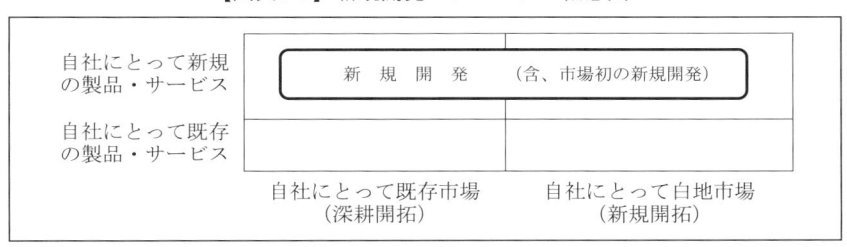

【図表3-7】 新規開発アプローチの概念図

	自社にとって既存市場 （深耕開拓）	自社にとって白地市場 （新規開拓）
自社にとって新規 の製品・サービス	新 規 開 発　（含、市場初の新規開発）	
自社にとって既存 の製品・サービス		

(2) 新規開発の事例

世の中のすべての製品・サービスが、最近「新規開発」されたか、あるいは元々「新規開発」されたものから派生したものです。その事例は数知れずあるので、ご紹介は控えます。

ちなみに、新製品・サービスと銘打ったものが次々に発売されていますが、どれが真に新製品・サービスか迷うところがあります。外部の人間にとっては、よほど画期的である場合を除いて、その内のどれが「先行する他社の製品・サービスに追随したもの」で、どれが「自社の製品・サービスを改良したもの」で、どれが「新規開発したもの」なのか、正確には判断しづらいからです。

(3) 経営上の意義と取組み上の留意点

① 経営上の意義

「新規開発アプローチ」には、次のA～Cのような経営上の意義があります。

A．既存市場の深耕開拓

自社の既存市場へ新製品・サービスを投入することによって、既存市場の深耕開拓が期待されます。

B．新規市場の開拓

自社の白地市場へ新製品・サービスを投入することによって、新規市場の開拓が期待されます。

C. 経営資源の強化・蓄積

このアプローチでの取組みを通じて、新製品・サービスの開発に関する技術、知識、人材などの経営資源を強化・蓄積することが可能となります。

② **取組み上の留意点**

A. 周到なリスク・コントロールの必要性

このアプローチは、言うまでもありませんが、非常に高い開発リスクを伴いますので、周到なリスク・コントロールが必要とされます。

B. 経営資源の事前の蓄積の必要性

このアプローチでは、高度な技術や多くの資金が必要となります。

したがって、日頃から技術や資金といった経営資源を継続的に蓄積しておくことが必要です。

【図表3-8】経営上の意義と取組み上の留意点

経営上の意義	取組み上の留意点
・既存市場の深耕開拓 ・新規市場の開拓 ・経営資源の強化・蓄積	・周到なリスク・コントロールの必要性 ・経営資源の事前の蓄積の必要性

5. 開発アプローチの選択方法

どの開発アプローチを選ぶかは、新製品・サービス開発の基本方針の中で事前に決めておきます。その際の判断材料として、以下の「アンゾフの成長ベクトル」、「プロダクト・ポートフォリオ・マネジメント」、「ポジショニング」という三つの戦略論が参考になります。（ちなみに、基本方針では、どのような領域で新製品・サービスを開発するかについても、併せて決めておきます。少なくともターゲットとする領域と開発アプローチを事前に決めておかないと、目標や方向が漠然としすぎて新製品・サービスを開発しようがありません。）

(1) アンゾフの成長ベクトルの応用

① アンゾフの成長ベクトルの概要

これは、米国の経営学者のイゴール・アンゾフ氏が唱えた説で、企業の成長戦略論として大変有名です。「製品・市場マトリックス」とも呼ばれています。

それによりますと、企業が成長していくためにとるべき戦略としては、「製品」と「市場」の観点からは、下表の四つの戦略（A～D）が考えられます。（ここでは簡単にしか触れませんので、詳細については他の書籍をご参照ください。）

【図表3-9】アンゾフの成長ベクトル

	既存市場	新規市場
既存製品	市場浸透戦略（A）	市場開拓戦略（B）
新製品	製品開発戦略（C）	多角化戦略　（D）

（注）A～Cの三つの戦略は拡大化戦略と呼ばれています。

A．市場浸透戦略

既存製品を既存市場に投入して、既存市場の深耕開拓を図る戦略です。既存製品には、部分的に改良した製品を含みます。ちなみに、既存市場の深耕開拓の考え方には次の二つがあります。

第一に、「既存顧客」については、リピート率を高めつつ、製品の使用頻度・回数や一回当たりの使用量を増やすことによって、売上増を狙います。

第二に、自社の製品を使っていない「未取引顧客」については、他社製品からの乗り換えを含めて自社製品の顧客化を図ります。

B．市場開拓戦略

既存製品を新規市場に投入して、その開拓をおこなう戦略です。ちなみに、この場合の新規市場とは、新しい顧客層や海外を含めた白地市場を指します。

C．製品開発戦略

従来とは異なる新製品を開発して、既存市場に投入する戦略です。

D．多角化戦略

新製品を新規市場に投入する戦略です。この戦略は、製品と市場ともに新規の取組みとなり、四つの戦略の中ではリスクがもっとも高くなります。

ちなみに、この場合の新規市場としては、関連分野（川上と川下）と非関

連分野があります。

② **開発アプローチの選択への応用**

あなたの会社が「アンゾフの成長ベクトル」のどの戦略を選びかによって、開発アプローチが自動的に決まります。

A．**市場浸透戦略**

市場浸透戦略を選択する場合には、既存の製品・サービスを既存市場に投入することになりますので、開発アプローチは、「用途開発」または「（小幅の）改良」になります。

B．**市場開拓戦略**

この場合は、あなたの会社は既存の製品・サービスを新規市場に投入することになりますので、「用途開発」が適切です。

C．**製品開発戦略**

あなたの会社が新製品・サービスを開発して既存市場に投入する製品開発戦略を選ぶ場合には、開発アプローチは「（大幅な）改良」または「新規開発」となります。

D．**多角化戦略**

あなたの会社が新製品・サービスを新規市場に投入する場合には、「新規開発」を選ぶことになります。ただし、この場合は、上述の通り失敗するリスクがもっとも高くなります。

【図表3-10】アンゾフの成長ベクトルの応用

	既存市場	新規市場
既存の製品・サービス	市場浸透戦略 **（用途開発アプローチ）** **（小幅の改良アプローチ）**	市場開拓戦略 **（用途開発アプローチ）**
新製品・サービス	製品開発戦略 **（大幅な改良アプローチ）** **（新規開発アプローチ）**	多角化戦略 **（新規開発アプローチ）**

(2) **プロダクト・ポートフォリオ・マネジメント（PPM）の応用**

① **PPMの概要**

PPMは、米国の戦略コンサルタント会社、ボストン・コンサルティング・

グループが考案した成長戦略論で、通常は事業領域を策定する際のツールとして活用されます。

それによりますと、企業の事業は、「市場成長率」と「市場占有率（シェア）」の二つの観点から下図の四つの領域（A～D）に区分され、それぞれの領域ごとに異なる戦略をとることになります。（以下の説明では、この説を非常に単純化しています。詳細については他の書籍をご参照ください。）

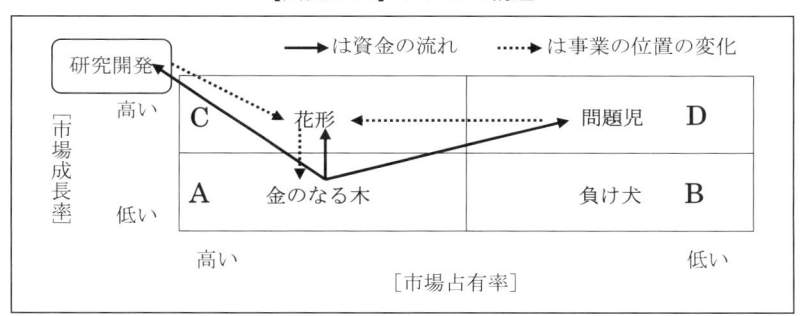

【図表3-11】　ＰＰＭの構造

```
                  ──→ は資金の流れ    ┈┈▶ は事業の位置の変化
┌─────┐
│研究開発│
└─────┘
        高い
    ┌────────┬────────┐
[市場│  C  花形 ◀┈┈┈┈ 問題児  D │
成長│        │              │
率] │  A  金のなる木│  負け犬  B │
    └────────┴────────┘
        低い
        高い                    低い
              [市場占有率]
```

Ａ．金の生る木

　この領域の事業は、市場占有率が高く稼ぎ頭となっていますが、市場の今後の成長は望めないので、いつ衰退するか分かりません。したがって、そこで得た資金は、「花形」や「問題児」の領域で活用すると共に、将来の「花形」を生みだすため研究開発に投入します。

Ｂ．負け犬

　この領域の事業は、市場占有率が低く、市場として今後成長も期待できないので、撤退することになります。（もし撤退に伴って資金が回収できたら、「花形」や「問題児」の領域で活用します。）

Ｃ．花形

　この領域の事業は、市場占有率は高く市場の成長も見込めますので、資金を優先的に投入します。

　なお、「花形」は、市場の成長が鈍化するにしたがって「金のなる木」に移行します。

D．問題児

　この領域の事業は、市場占有率が低く苦戦していますが、市場としては今後の成長が見込めます。したがって、今後市場占有率を高めて「花形」に移行できるように、「問題児」にも資金を優先的に投入します。

② **開発アプローチの選択への応用**

　上記の考え方をあなたの会社の製品・サービスに応用して、開発アプローチを選択します。

A．金のなる製品・サービス

　現在の稼ぎ頭である「金のなる製品・サービス」については、その改良を図ると共に、獲得した資金を花形と問題児の製品・サービスや研究開発に投入します。したがって、開発アプローチは、「改良」が中心となります。

B．負け犬の製品・サービス

　「負け犬の製品・サービス」については、どうしても今後の勝算が見込めなければ、思い切って撤退し、問題児と花形の製品・サービスの「改良」および「新規開発」にシフトするという戦略になります。

C．問題児と花形の製品・サービス

　これらの製品・サービスについては、上記の通り「改良」と「新規開発」によって、市場が生みだす成長の果実を獲得するようにします。

【図表3-12】　ＰＰＭの応用

[市場成長率]		高い（市場占有率）	低い（市場占有率）
	高い	花形の製品・サービス （改良アプローチ） （新規開発アプローチ）	問題児の製品・サービス （改良アプローチ） （新規開発アプローチ）
	低い	金のなる製品・サービス （改良アプローチ）	負け犬の製品・サービス （撤退）

(3) **ポジショニング**

　最後に、「ポジショニング」の概要についてご説明した上で、それを参考にして開発アプローチを選択する方法をご紹介します。

① ポジショニングの概要

　「ポジショニング」とは、一言で言えば、競合他社に対する自社の「立ち位置（ポジション）を明確にすること」です。経営戦略、事業範囲、マーケティング手法、製品・サービス、技術などのさまざまな分野で、競合他社とは異なる方向を選択したり自社を差別化したりするために活用されます。

　この手法を開発アプローチの選択に応用します。画期的な新製品・サービスのように市場に競合する製品・サービスがなければ、ポジショニングは必要ありません。しかし、市場で他社の製品・サービスと競合する場合には、それらに対するポジショニングが重要となります。

② 開発アプローチの選択の手順

　以下、ポジショニングの基本的な仕組みに触れつつ、開発アプローチを選択する手順についてご説明します。

Ａ．現状の確認

　ポジショニングでは、まず、ポジショニング・マップという図を使って、対象となるすべての製品・サービスの現在のポジションを確認します。それには、ポジショニング・マップに、それぞれの製品・サービスの二つの評価軸にもとづくポジションをプロット（記入）します。

　よりイメージしやすいように、具体的な例をあげてご説明しましょう。

　たとえば、あなたの会社がある街でラーメン店を経営しているとします。競合店が二社あり、あなたの会社は高価格のとんこつラーメンとみそラーメン、競合Ｘ社は高価格のみそラーメンと塩ラーメン、そして競合Ｙ社は高価格のとんこつラーメンおよび低価格のみそラーメンと塩ラーメンを、それぞれ提供しているとします。これらの状況をポジショニング・マップにプロットすると、次の図の通りになります。

第1部　基礎知識

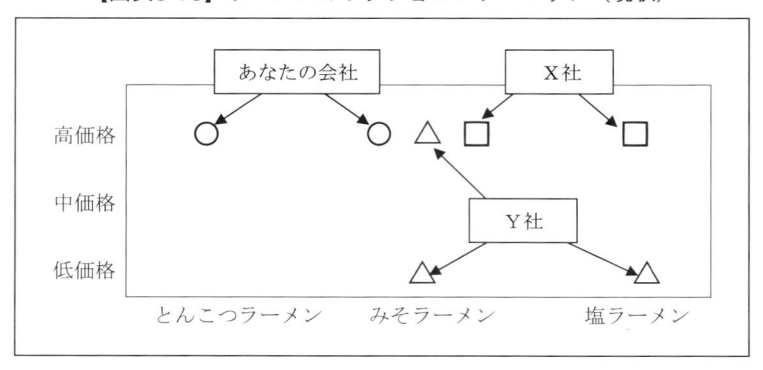

【図表3-13】ラーメンのポジショニング・マップ（現状）

B．現状分析

次に、上図から、競合状況を分析します。

全体としては、あなたの会社と二つの競合店でおおむね棲み分けがなされていますが、個々に見ていきますと、現状は下表のように整理されます。

【図表3-14】ラーメンの競合状況

	とんこつラーメン	みそラーメン	塩ラーメン
高価格	あなたの会社	あなたの会社、X社、Y社	X社
中価格			
低価格		Y社	Y社

C．開発アプローチの選択への応用

最後に、上記の分析に基づいて、あなたの会社が今後とるべき戦略を描きます。その結果、あなたの会社としてどの開発アプローチを選択するかが導きだされます。

a．他社と競合している領域

　X社、Y社ともろに競合している高価格のみそラーメンについては、踏みとどまって競争を勝ち抜こうとするのであれば、製品・サービスを改良するか、新製品・サービスを開発して投入することになります。その他、見切りをつけて撤退するという選択肢もあります。

言うまでもありませんが、上記の「製品・サービスを改良」は「改良アプローチ」、「新製品・サービスを開発して投入」は「新規開発アプローチ」を、それぞれ指します。

b．他社のみが取り扱っている領域

　これは、X社のみが取り扱っている高価格の塩ラーメンとY社のみが取り扱っている低価格のみそラーメンと塩ラーメンの三つの領域です。あなたの会社がこれらの領域に参入するのであれば、それらのラーメンを新しく開発する必要があるので、必然的に「新規開発アプローチ」となります。

c．他社と競合していない領域

　他社と競合していない領域には、以下の二つがあります。

　第一は、「自社のみが取り扱っている領域」、つまり高価格のとんこつラーメンの領域です。この領域については、改良したりバリエーションを広げたりすることによって顧客を囲い込み、参入障壁を高くするという戦略になります。そのため、「改良アプローチ」が選択されます。

　第二は、「自社を含めてどの会社も取り扱っていない領域」、つまり四つの空白となっている領域です。

　これらの領域の内、あなたの会社が中価格と低価格のとんこつラーメンの領域に進出するのであれば、既存の高価格のとんこつラーメンを中低価格用に変えて投入するか、新しいとんこつラーメンを開発して投入することになります。前者は「改良アプローチ」、後者は「新規開発アプローチ」を意味します。（ただし、この場合、新たに導入する中低価格のとんこつラーメンが従来の高価格のとんこつラーメンの売上に悪影響を及ぼさないよう、注意することが必要です。）

　一方、中価格のみそラーメンと塩ラーメンの領域については、あなたの会社が進出するのであれば、新しく開発する必要があるので、「新規開発アプローチ」を採用することになります。

D．追加情報

　ポジショニングに関する知識として、以下の三点をつけ加えます。

a．評価軸について

上記の例では、評価軸として価格とラーメンの種類の二つを設定しましたが、あなたの会社が実際に評価軸を選定する場合には、顧客にとってもっとも重要となる軸を選んでください。会社にとって重要な軸ではありません。

評価軸としては、たとえば重厚長大と軽薄短小のような対極関係にあるもの、つまり性質がまったく異なり相関しない評価軸でのポジショニングとなるようご留意ください。価格と品質のような相関する評価軸を二つ並べてポジショニングしても、意味がありません。評価軸の例を下表に掲載しましたので、ご参考にしてください。

【図表3-15】ポジショニングの評価軸（例）

・価格（高価格　⇔　低価格）	・デザイン（カラフル　⇔　シンプル）
・時間（短期　⇔　長期）	・速度（速い　⇔　遅い）
・リスク（ローリスク⇔ハイリスク）	・スタイル（洋風　⇔　和風）
・ナチュラル（自然　⇔　人工）	・作りこみ（繊細　⇔　粗雑）
・感触（硬い　⇔　柔らかい）	・寿命（長寿命　⇔　短寿命）
・強さ（強い　⇔　弱い）	・重さ（重い　⇔　軽い）
・味（甘い　⇔　辛い）	・喉ごし（切れがある　⇔　まろやか）
・形式（フォーマル　⇔　カジュアル）	・流行（トレンディ　⇔　トラッド）

（出典）『ステップアップ式ＭＢＡマーケティング入門』バルーク・ビジネス・コンサルティング編　高瀬浩著　ダイヤモンド社（2005年）p.49

b．評価軸とポジショニングの数

　上記では、評価軸が二つでポジショニングが一つの例を取りあげましたが、評価軸が三つ以上で複数のポジショニングとなっても構いません。重要な評価軸は見落とせないので、その数が増えることもうなずけます。しかし、評価軸の数が多くなればなるほどポジショニングが複雑になって、結局どのような戦略をとるべきか分かりにくくなる恐れがあります。この点にも留意が必要です。

c．自社の類似製品・サービスのポジショニング

　これまで、他社と対抗する視点からのポジショニングについて説明してきましたが、ポジショニングは、自社が同じ市場に類似した製品・サービスを複数投入する場合に、それらの間で発生する、いわゆる「共食い（カニバリズム）」を把握し調整するためにも利用されます。（ちなみに、前出

の例では、文中でも指摘しましたが、新たに投入する低中価格のとんこつラーメンと従来からの高価格のとんこつラーメンの間に、「共食い」が生じる懸念があります。）

　それには、まず、自社の類似した製品・サービスを重要な評価軸でポジショニングし合って、お互いに売上を侵食しあう「共食い」が生じないかを分析します。そして、「共食い」が判明したり懸念される領域については、「製品・サービスの属性を変更」して相互の差別化をはかったり、一部の製品・サービスを残してあとは「撤退」するなどによって、共食いを回避することになります。

第2部 個人向け新製品・サービスのアイデア開発

【開発アプローチ】

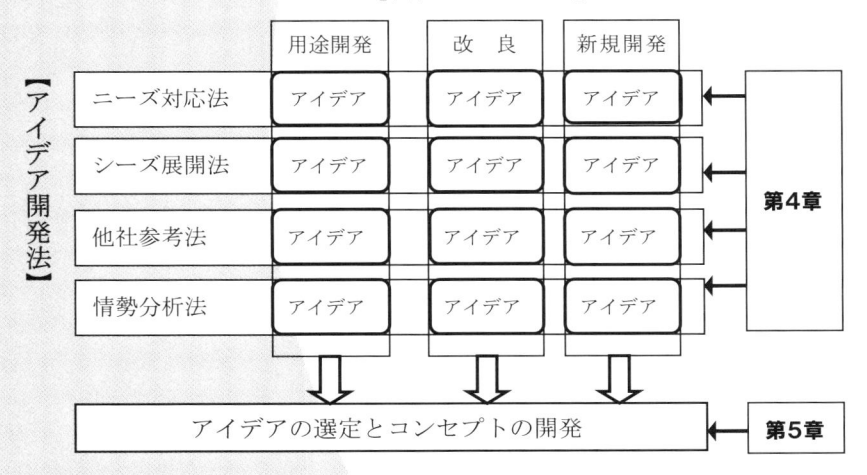

【アイデア開発法】		用途開発	改良	新規開発	
	ニーズ対応法	アイデア	アイデア	アイデア	← 第4章
	シーズ展開法	アイデア	アイデア	アイデア	←
	他社参考法	アイデア	アイデア	アイデア	←
	情勢分析法	アイデア	アイデア	アイデア	←

↓ ↓ ↓

| アイデアの選定とコンセプトの開発 | ← 第5章 |

第4章 個人向けの新製品・サービスのアイデア開発法

　個人向けの新製品・サービスのアイデアを開発する方法としては、「ニーズ対応法」、「シーズ展開法」、「他社参考法」、「情勢分析法」の四つがあります。本章では、これらのアイデア開発法について詳しくご紹介します。

　なお、前章で紹介しました三つの開発アプローチのいずれについても、これらの四つの方法を活用してアイデアを開発します。

> 1．ニーズ対応法
> 2．シーズ展開法
> 3．他社参考法
> 4．情勢分析法

1．ニーズ対応法

(1) 顧客ニーズの振り返り

　ニーズ対応法についての説明に入る前に、第2章を振り返って、顧客ニーズとはなにかを再確認しておきましょう。

　顧客ニーズとは、顧客である一般消費者が製品・サービスに関連して抱える欲求のことであり、それにはさまざまな種類があります。ニーズ対応法では、その中の「顕在ニーズ」としての「問題解決ニーズ」、「解決手段ニーズ」、「手段改善ニーズ」の三つが対象となります。各々の概要は下表の通りです。

　なお、「潜在ニーズ」は、発売された新製品・サービスを見たり使ったりすることによって後追いで顧客の意識に生じるニーズなので、ニーズ対応法では対象にはなりません。(ちなみに、他の三つのアイデア開発法では、ニーズ対応法とは逆に、「潜在ニーズ」を結果的に掘り起こせる新製品・サービスのアイデアを開発することが主眼となります。)

【図表4-1】顧客ニーズの３つの区分

名称		ニーズの内容
顕在ニーズ	問題解決ニーズ	・問題の解決を求める漠然とした欲求
	解決手段ニーズ	・問題を解決する手段としての製品・サービスを求める欲求
	手段改善ニーズ	・既存の製品・サービスの改善を求める欲求

　なお、顧客ニーズについては、一般消費者のすべてを対象にすると、対象が広がりすぎて収拾がつかなくなります。したがって、前章でも述べましたが、現在と同じ顧客セグメントあるいは新しく開拓を狙う顧客セグメントなど、どの範囲の一般消費者を対象とするか「基本方針の策定」の段階で具体的に決めておきます。

(2)　ニーズ対応法の概要

　ニーズ対応法とは、顧客ニーズに対応して新製品・サービスのアイデアを開発する方法です。顧客ニーズに直接向き合ったアイデア開発であり、以下の二つの段階から構成されます。

> ニーズ対応法とは、顧客ニーズに対応して新製品・サービスのアイデアを開発する方法。

① **第１段階**

　第１段階では、一般消費者の顧客ニーズおよびそれに関する情報（以下、「ニーズ情報」と呼びます）を収集し、発見し、掘り起こします。その具体的な手法については、(4)（→78頁）で後述します。

② **第２段階**

　第２段階では、第１段階で収集し、発見し、掘り起こした顧客ニーズとニーズ情報をヒントにして、新製品・サービスのアイデアを開発します。つまり、顧客ニーズを満たすという観点から、新製品・サービスのアイデアを開発します。その具体的な手法については、(5)（→85頁）でご紹介します。

第4章　個人向けの新製品・サービスのアイデア開発法

【図表4-2】ニーズ対応法の構成

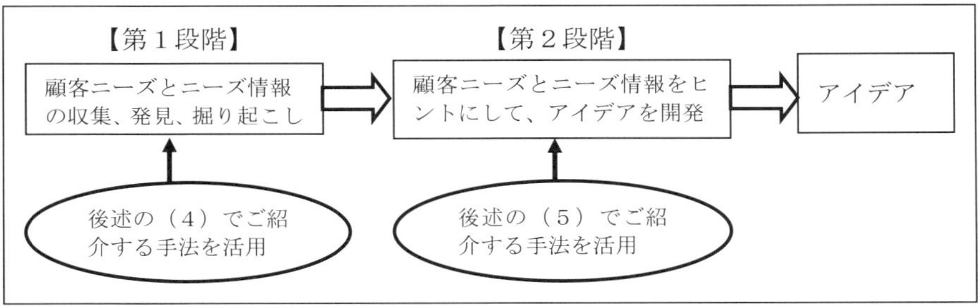

【第１段階】顧客ニーズとニーズ情報の収集、発見、掘り起こし → 【第２段階】顧客ニーズとニーズ情報をヒントにして、アイデアを開発 → アイデア

（第１段階は後述の（４）でご紹介する手法を活用／第２段階は後述の（５）でご紹介する手法を活用）

(3) ニーズ情報の源泉

ニーズ情報の主な源泉は、以下の通りです。

① マスメディア、研究機関、インターネットなど

次のソースからは、顧客ニーズの動向に関するさまざまな情報を得ることができます。ただし、これらのニーズ情報は競合他社も当然知っている情報なので、あなたの会社独自の情報という訳にはいきません。

A．新聞（日本経済新聞などの経済紙、業界紙、一般紙）、ビジネス誌、テレビ、などのマスメディア、銀行・証券会社、インターネット、など
B．さまざまな研究機関や研究者が発表する調査結果や論文
C．専門家からのヒアリング情報、など

② 一般消費者

あなたの会社の過去と現在の顧客、見込客、潜在顧客の全員。ただし、この定義では、ニーズ情報を収集する対象としては抽象的すぎます。そこで、上述しました通り、ターゲットとする顧客セグメントに的を絞って、そのセグメントに属する個人からニーズ情報を集めることにします。

なお、一般消費者の中の特定の製品・サービスを愛好する人達を、「リード・ユーザー」あるいは「ヘビーユーザー」と呼びます。リード・ユーザーは、その製品・サービスについてとても詳しく知っており、製品の長所や不満な点について独自の意見を持っています。その中には、製品の場合ですが、自分にとって使い勝手がよいように独自に改良したり、新しく作り出したりする人さえいます。リード・ユーザーの意見やアイデアは、新製品・サービス

の開発を進める上でもっとも貴重であり、それらを参考とする手法は「リード・ユーザー法」と呼ばれています。

③ **取引先**

あなたの会社の製品・サービスを取り扱っている卸、小売、販売代理店、あるいは取次店といった取引先。これらの人達は、一般消費者と日々接する中で製品・サービスに対する要望や不満を耳にしているので、あなたの会社にホットなニーズ情報を提供してくれるでしょう。

④ **自社の役職員とその家族**

あなたの会社の役職員とその家族も、一般消費者です。しかもあなたの会社とは深いつながりがあるので、真剣さや協力度合いが他の消費者とは異なります。それらの人達は、ニーズ情報の優れた情報源になりえます。

その中でも特に、新製品・サービスの開発を担当するプロジェクト・チーム（以下、「社内プロジェクト・チーム」と呼びます）のメンバーとその家族が、もっとも重要です。自宅への持ち帰りが可能な製品や自宅で利用できるサービスについては、同メンバーが自分自身で製品・サービスを実際に利用してみて、その長所や短所を直接体験することが、新製品・サービスの開発にとって不可欠でもあります。そして、たとえば女性用の製品のように、男性のメンバーには試験的な利用が困難な場合には、家族の協力をあおぐことも必要となります。

⑤ **社内の特に営業担当者**

あなたの会社の特に営業担当者は、卸売や小売などの取引先と日々接する中で、ニーズ情報をたくさん得ているはずです。新製品・サービスのアイデアの開発にとって、それらのニーズ情報も貴重です。

(4) **第1段階のための具体的な手法**

第1段階の「顧客ニーズとニーズ情報の収集、発見、掘り起こし」のための手法としては、以下の通りが考えられます。

なお、特に解決手段ニーズと手段改善ニーズを発見できた場合には、新製品・サービスのアイデアがストレートに浮かんでくると思います。その場合は、第2段階での検討は不要となります。

第4章　個人向けの新製品・サービスのアイデア開発法

① 　質問法（実査法）

　　質問法とは、一般消費者の中から対象者を選び、それらの人達から質問やアンケートに答えてもらうことによって、顧客ニーズを発見したりニーズ情報を得る方法のことです。以下のような手法から構成されます。

A．「郵送法」と「電話法」

　　郵送法は、一般消費者にアンケート用紙を郵送し、それを返送してもらう手法です。電話法は、電話で質問に回答してもらう手法です。

　　これらの手法については、以下の点に留意する必要があります。

　　第一に、これらの手法は、○×、「はい・いいえ」、番号といった簡単に回答できる質問に向いています。「生活でなにか不便なことや困ったことはありませんか」とか「どのような新しい製品やサービスが欲しいですか」といった定性的なことを尋ねる質問には、あまり向いていません。

　　第二に、「おれおれ詐欺」や悪質な電話勧誘への警戒感の高まり、日中の在宅率の低下などから、回収・回答率が年々悪くなっています。電話法の場合は、対象者にしてみると、見知らぬ人から自宅へ突然電話がきて、アンケートへの協力を頼まれるのです。郵送法の場合も、これまで接触のなかった会社から自宅へアンケートが郵送されてくるのです。これでは、どちらの場合にも、積極的な協力やよい反応を期待するのは難しいです。したがって、アンケートの対象を不特定多数の一般消費者とするのではなく、たとえば会社の消費者モニター調査への協力者に限定するなどの工夫が望まれます。

　　第三に、質問法の全ての手法に共通することですが、アンケートを実施する場合には、相応のコストがかかります。

B．集合法

　　これは、対象者に指定した会場に集まってもらい、会場でアンケートに答えてもらうことでニーズ情報を得るものです。詳細は省きます。

C．面接法

　　対象者と面接してニーズ情報を収集する手法です。個人面接法とグループ・インタビューの二つの手法があります。

　　個人面接法は、こちらから対象者を訪問するか、あるいは対象者に来社し

てもらい、一対一で面接することによってニーズ情報を収集する手法です。

グループ・インタビュー（集団面接法）とは、対象者による集団での議論を通してニーズ情報を収集する手法です。具体的には、企業の選定条件に合った5～10名に集まってもらい、司会者が投げかけるテーマについて自由に議論してもらいます。そして、企業は、議論された内容からニーズ情報をくみ取ることになります。

D．留置法

これは、対象者に事前にアンケート用紙を送付しておき、記入してもらったアンケート用紙を後日回収する手法です。

② 観察法

観察法とは、駅前、街頭、店頭、自宅などで一般消費者を観察して、顧客ニーズを探ったりニーズ情報を収集したりするものです。観察者の観察力や感性がなによりも重要となります。

A．駅前、街頭、店頭での観察

これは、駅前、街頭、店頭などで不特定の一般消費者を観察したり、街中を見て回ったり、喫茶店やファストフード店などで周りの人達のなにげない会話に耳を傾けることによって、ニーズ情報を得るものです。

その中で、街中を歩いて観察する手法は、特に「タウン・ウォッチング（発想）法」と呼ばれています。今後どのような製品・サービスが流行しそうかといったトレンド情報の把握にもっとも向いており、女性向けのアパレル、グッズなどの流行についての情報を収集する際によく利用されます。

B．自宅での観察（直接観察法）

この手法は、買物、家事などの実際の生活の場を直接観察させてもらうことで、ニーズ情報を得るものです。たとえば、主婦が家事をしている様子を何時間か観察することによって、日用品の新規開発や改良のアイデアを得ることが実際に行われています。その他、高齢者の生活の場を長い時間観察させてもらうことで、高齢者が生活で必要とする新製品や既存品の改良についてのアイデアを得るということも行われています。

C．売り場での観察

第4章　個人向けの新製品・サービスのアイデア開発法

　　これは、生活用品のメーカー・ベンダーとして有名なアイリスオーヤマ㈱が、ニーズ情報を売り場で収集するために実施している方法です。

　　同社は、ホームセンターなどの取引先（全国約770店舗）へスタッフを派遣しています。それらのスタッフは、それぞれの店舗で、同社の製品についての説明と並行して、顧客から聞こえてきたり聞き出したりした不満や要望を本部へ伝える役割も果たしています。同社は、年間1,000アイテム以上の新製品を開発しており、それらのアイデアは、全国のスタッフから集まった情報がベースになっているとのことです。

【図表4-3】アイリスオーヤマ㈱の顧客ニーズの収集法

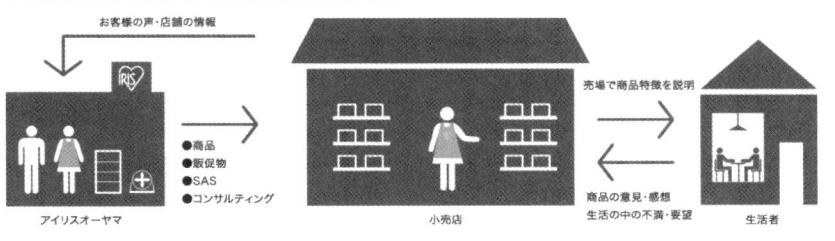

（出典）同社のホームページ

③　オープン・イノベーション

A．オープン・イノベーションとは

　　これは、一般消費者や消費財を扱う企業からイノベーションに関するアイ

デアを広く募集する手法のことです。「イノベーションの民主化」とも呼ばれており、世界中で大きな注目を浴びています。アイデアは、ホームページに設けた受付サイトやブログ、フェースブックなどのSNSを通して投稿してもらうのが一般的です。

　実際に、さまざまな企業がオープン・イノベーションに取り組んでいます。その代表的な企業が、世界最大の生活用品メーカーのP＆Gです。同社では、各言語のホームページで、世界中の個人や企業から新製品・サービスや新技術のアイデアを募集しています。

　日本語のホームページを以下に転載しますので、ご覧ください。同社ホームページでは、同社のオープン・イノベーションについての考え方や取組みが詳細に述べられている他、「未来のパートナーの皆様へ。優れた製品・技術を探しています」というサイトからエントリーして、アイデアやソリューションを直接提案できるようになっています。

【図表4-4】　P＆Gのオープン・イノベーション

(出典)　同社のホームページ

B．オープン・イノベーションによるニーズ情報などの収集

　顧客ニーズ、ニーズ情報、あるいは新製品・サービスのアイデアは、多様な意見を持つ個人や企業からできるだけたくさん集める必要があります。それには、オープン・イノベーションの手法が最適です。あなたの会社でもこの手法を活用してみてはいかがでしょうか。

　なお、この手法は、「ニーズ対応法」ばかりではなく、「シーズ展開法」によるアイデア開発法でも有益です。それについては後述します。

④　社内の顧客情報の活用

　これは、会社に日常的に集まってくる消費者のさまざまな声を、ニーズ情報として活用するものです。

A．**顧客からのクレーム、苦情、問合せ、相談、提案**

　製品・サービスに関する顧客からのクレームや苦情は、製品・サービスの改善を求める欲求（手段改善ニーズ）そのものです。それを参考にすると、あなたの会社の製品・サービスの「改良」のアイデアにつながる可能性があります。

　また、顧客からの問合せ、相談、提案の中には、新製品・サービスの「新規開発」につながる貴重な情報が含まれている可能性もあります。

　ちなみに、クレームや苦情は、「会社が指摘した問題に適切に対応してくれれば、引き続いて購入しよう」という顧客の気持ちの裏返しでもあります。従って、クレームや苦情は、新製品・サービスのヒントを得る機会としてだけではなく、あなたの会社の熱心なファンづくりの機会としても前向きにとらえたいものです。逆に、クレームや苦情に適切に対応せずに放置しておくと、ネットや口コミを通してあなたの会社の悪口や悪い評判が急速に広がる恐れもありますので、注意が必要です。

B．**返品・お断りの理由**

　顧客があなたの会社の製品を返品してきた理由やサービスを断った理由も、貴重なニーズ情報です。その他、あなたの会社の製品・サービスを利用しなくなった理由、他社の製品・サービスを選んだ理由などのマイナス情報も、同様です。

なお、これらのニーズ情報を組織的に集めるためには、返品を受けた時やサービスの提供を断られた時には、必ずその理由をたずねて会社へ報告することを職務として定着させる必要があります。

Ｃ．顧客満足度調査や消費者モニター調査の結果

　顧客満足度調査や消費者モニター調査の結果にも、貴重なニーズ情報が含まれている可能性があります。

　なお、これまでに実施したそれらの調査からニーズ情報が得られない場合には、設問に問題がある可能性があります。せっかくの貴重な機会ですから、次回からは設問を工夫することにしましょう。

⑤　社内関係者のニーズ情報の活用

　これは、自社の役職員とその家族あるいは営業担当者からニーズ情報を収集して、活用するものです。

　ちなみに、これらの人達から有益なニーズ情報を収集するには、たとえば以下のような仕組みづくりが欠かせません。

Ａ．自社の役職員とその家族

　これらの人達から積極的に協力してもらえるよう、たとえば優れたニーズ情報に対して報奨金が支給される「社員・家族提案制度」を実施してはいかがでしょうか。ちなみに、新製品・サービスの直接のアイデアを募集するため、たとえば「アイデア・コンテスト」を実施するのも一考です。

Ｂ．営業担当者

　営業担当者については、日々の営業活動から得たニーズ情報を遅滞なく会社へ報告してもらうことが重要です。それを徹底するには、次のような組織的な取組みが欠かせません。

　まず、上司を含めたすべての営業関係者の意識改革です。すべての関係者に対して、「顧客や取引先を訪問する際には、常にニーズ情報の収集に努めると共に、その結果を必ず会社へ報告する」との意識づけをする必要があります。

　次に、会社への報告制度の整備です。営業担当者が遅滞なく会社へ報告できるよう、イントラネットを含めた簡便な報告システムを整備したり、定例の営業会議でニーズ情報も報告の議題とするなどが考えられます。

(5) 第2段階のための具体的な手法

　第2段階では、「第1段階で発見した顧客ニーズをヒントにして、新製品・サービスのアイデアを開発」します。その方法としては、抽象的な表現で恐縮ですが、「社内プロジェクト・チームの全員で創造力と知恵を振り絞って発想すること」に尽きます。

　なお、その際には、以下の「アイデア発想技法」を用いることをお勧めします。適切な発想技法を利用すれば、より効率的・体系的にアイデアを発想することが可能になります。

① アイデア発想技法の概要

　アイデア発想技法とは、効率的・体系的にアイデアを発想するためのツール、テクニック、メソッドのことです。その種類は百を超えると言われており、それに関する優れた書籍も数多く出版されています。

【参考情報】主なアイデア発想技法

アイデア発想技法の種類は、数え切れないほどあるようですが、星野匡氏によれば、その内の主なものは下表の通りとのことです。

分　類	発　想　法　の　種　類
分析した情報から発想する方法	**欠点列挙法**、**希望点列挙法**、属性列挙法、形態分析法、
連想して発想する方法	カタログ法、**刺激語法**、システム・アナロジー、ＮＭ法、**タウン・ウォッチング発想法**、アルファベット・システム
図に書いて発想する方法	**マインド・マップ**、マンダラート、ワード・ダイヤモンド、△○□（ストゥーパ）発想法、**ポジショニング法**、**関連樹木法**
発想を転換させる方法	**チェック・リスト法**、逆設定法、仮想状況設定法、キャスティング法
ブレインストーミングとその応用	**ブレインストーミング**、ゴードン法、６３５法、ブレインライティング
アイデアを収束させる方法	ＫＪ法、ストップ・アンド・ゴー・ブレインストーミング、フィリップス６６法
アイデアが出やすい雰囲気を作る方法	ビジュアル・コンフロンテーション法、睡眠発想法、アイデア・ゲーム、エンカウンター・グループ発想法

（出典）『日経文庫　発想法入門』星野匡 著　日本経済新聞出版社（2010）pp.7-14
（注）表中の太字で下線をつけた技法については、本書の中で「手法」または「ツール」としてご紹介しています。

② マインド・マップ

　これは、トニー・ブザンという英国人が考案した発想技法です。社内プロジェクト・チームの個々のメンバーによるアイデア発想に向いている他、グループでの発想にも活用できます。

　発想の進め方は、次の通りです。星野匡氏の著作（『日経文庫 発想法入門』日本経済新聞出版社（2010）pp.99-100）から引用させていただきます。下図を併せてご覧ください。

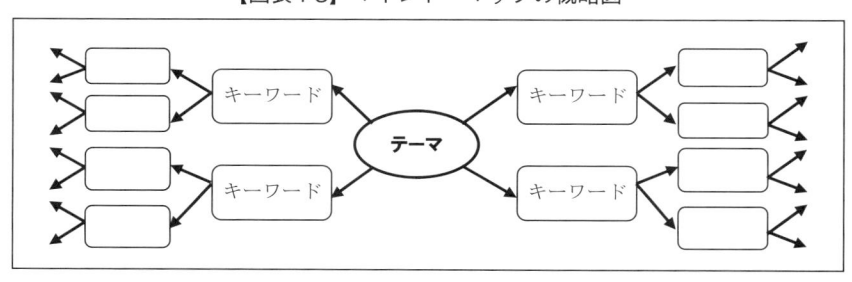

【図表4-5】 マインド・マップの概略図

A．「白無地の紙と色ペンを用意する」
B．「紙を横向きに置き、中心にテーマとなるイメージを描く」
　（筆者注）ここでは、第１段階で得たニーズ情報がテーマになります。
C．「Bの周りに放射状に枝（太い曲線）を描き、その線の上に、テーマから連想されるイメージや言葉を描く（書く）」
　（筆者注）ここでは、第１段階で得たテーマから発想される新製品・サービスに関するイメージやキーワードを記入します。
D．「Cで描いたものから連想されるものを、さらに枝分かれさせて、周囲に向かって描いていく」
E．「ある程度描けたら、しばらくの間マインド・マップ全体を眺め、そのテーマについて考える」

F.「再びマインド・マップに向かい、Eで浮かんだ新しい考えを追加する」
G.「E～Fをくり返し、アイデアや解決策を探る」

③　ブレインストーミング

　　これは、アレックス・オズボーンという米国人が1930年代に考案したもので、参加者が特定のテーマや視点について思考を思い切り発散させ、そこから得られる意見や考えを自由に出しあうことによって、共同でアイデアを生みだす発想技法です。社内プロジェクト・チームのグループでの討議・検討に向いています。有名な技法なので、読者の方々の中には、ご存じか、既に経験されている方がおられるかもしれません。

A．四つの原則

　　この発想技法では、参加者全員が自由闊達に発言することがなによりも重要です。そのため、すべての参加者は、以下の四つの原則を守ることが求められます。

　a．他の参加者の自由な発想や発言を妨げないようにするため、批判や一方的な判断・結論づけは厳禁。
　b．既成観念にとらわれないユニークで斬新なアイデアを歓迎。
　c．質より量を重視。ユニークさや斬新さがないと思われるようなアイデアでも構わないので、参加者は思いつく限りをどしどし発言。
　d．出されたアイデアを組み合せたり応用することによって、新しいアイデアを発展させることを奨励。

B．進め方

　　ブレインストーミングの進め方は、次の通りです。日本創造学会のホームページから引用します。

【図表4-6】ブレインストーミングの進め方

1. テーマは細かく具体的なものにする。
2. 部屋の机を全員の顔が見て座れるように並べる。
3. 模造紙または黒板、できれば記録がコピーできる電子黒板を用意する。
4. リーダーが進行し、すべての発言を記録する。
5. メンバーは5～8名程度で編成し、なるべく異なった専門職で構成する。
6. 自由に発言し、決して批判しない。
7. 発言はすべて記録する。上にテーマを、そして番号をふり記入する。
8. 記録係は発言を記録する際、キーワードを生かして要約する。
9. 時間は多くても2時間以内。それ以上なら休憩を。
10. ブレインストーミングの評価は1日くらいおいてから、「独自性」と「可能性」で徹底的な判断で行う。

（出典）日本創造学会のホームページ － 作成・髙橋誠、参照・『創造力辞典』（日科技連出版社）

(6) 第1段階と第2段階の手法の整理

これまでにご紹介しました「ニーズ対応法」の手法とそのツールとして併用をお勧めする発想技法を、次の表に整理します。

なお、第1段階の「顧客ニーズの発見」では、顧客ニーズの発見やニーズ情報の収集に力点が置かれるため、発想技法は特に必要ではありません。しかし、発想技法は分析のためのツールとしても役に立ちますので、集めた情報を分析する場合など、第1段階でも必要に応じてマインド・マップとブレインストーミングを活用することをお勧めします。

第4章　個人向けの新製品・サービスのアイデア開発法

【図表4-7】ニーズ対応法の主な手法と対象

課題	主な手法	主な対象		
		製品	サービス	技術
第1段階　顧客ニーズとニーズ情報の収集、発見、掘り起こし	①質問法 ・郵送法、電話法、集合法、留置法 ・面接法（個人面接法、集団面接法）	○	○	○
	②観察法 ・駅前、街頭、店頭などでの観察 ・自宅などでの観察。直接観察法。 ・売り場での観察	○	○	○
	③オープン・イノベーション ・インターネットやSNSを活用して、ニーズ情報を広く募集	○	○	○
	④社内のニーズ情報の活用 ・顧客からのクレーム、質問、提案 ・返品、お断りの理由 ・消費者モニター調査、顧客満足度調査	○	○	○
	⑤社内関係者のニーズ情報の活用 ・役職員とその家族から収集（社員・家族提案制度、アイデア・コンテスト） ・営業担当者から収集	○	○	○
第2段階　顧客ニーズとニーズ情報をヒントにして、アイデアを開発	○社内プロジェクト・チームの全員で創造力と知恵を振り絞る。 　〔併用をお勧めする発想技法〕 　　・マインド・マップ 　　・ブレインストーミング	○	○	○

（注）第1段階でも、必要に応じてマインド・マップとブレインストーミングを併用してみてください。

(7) ニーズ対応法の留意点

ニーズ対応法では、前述の通り顕在ニーズの発見を狙いとしており、それを正確に把握することができれば、新製品・サービスのアイデア開発にとって大変有益です。しかしながら、一方で、顕在ニーズからのアプローチについて、その有効性に疑問を投げかける次のような指摘もなされています。

① 新規開発に向けた制約

顧客は、実際に見聞きしたり利用したりする製品・サービスについては、さまざまな意見や要望（＝顕在ニーズ）を持っています。しかし、見聞きしたことも利用したこともない製品・サービスについては、なにも意見や要望（＝潜在ニーズ）が思い浮かばないのが普通です。

このような理由から、顕在ニーズからのアプローチは、「改良」や「用途開発」のためのアイデアを得るのには向いていますが、「新規開発」、特に「市場初の新規開発」のためのアイデアを得るのには向いていないと、指摘されています。

② **アイデアの独創性についての懸念**

国内外の多くの企業が、長年にわたって、日常的に顕在ニーズについて調査し、それに基づいて既存の製品・サービスの改良や新製品・サービスの開発に取り組んできています。

したがって、あなたの会社が顕在ニーズからのアプローチでなにかアイデアを得られたとしても、その独創性はあまり期待できないかもしれません。優れたアイデアであればあるほど、競合他社で既に新製品・サービスとして実現されている可能性が大きいからです。

以上、ニーズ対応法の「ダメ出し」をしましたが、だからと言って、ニーズ対応法が無駄という訳ではありません。顧客ニーズは新製品・サービスの開発でもっとも基本となる要素なので、ニーズ対応法を活用して「顕在ニーズ」について確認したり、他社が未だ気づいていない「顕在ニーズ」を発見したりする努力は不可欠です。

2．シーズ展開法

(1) シーズ展開法の概要

シーズ展開法とは、自社の経営資源に関する情報（以下、「シーズ情報」と呼びます）と自社の経営資源を展開した新しい姿やイメージをヒントにして、新製品・サービスのアイデアを開発する方法のことです。以下の二つの段階から構成されます。

> シーズ展開法とは、「シーズ情報」と「自社の経営資源を展開した新しい姿やイメージ」をヒントにして、新製品・サービスのアイデアを開発する方法。

第4章　個人向けの新製品・サービスのアイデア開発法

① **第1段階**

　第1段階では、上記の繰り返しになりますが、あなたの会社の経営資源に関するシーズ情報を収集すると共に、それらの経営資源を展開（＝改良、応用、発展）してさまざまな姿・イメージを思い描きます。そのための具体的な手法については、次の(2)でご紹介します。

　ここでの経営資源とは、主に製品、サービス、および（技能やスキルを含む）技術を指します。現在だけではなく、過去の経営資源も含みます。

　なお、本来であれば、あなたの会社が強みあるいは得意とする経営資源に焦点を当てて、それらを展開・発展させて新製品・サービスを開発することがもっとも望まれます。しかし、強みや得意とする経営資源が特にない場合は、あなたの会社が今後コアな経営資源として育てていかれるものを対象としてください。

② **第2段階**

　第2段階では、第1段階で得た「自社のシーズ情報」と「自社の経営資源を展開した新しい姿・イメージ」をヒントにして、新製品・サービスのアイデアを開発します。そのための具体的な手法については、(3)（→119頁）でご説明します。

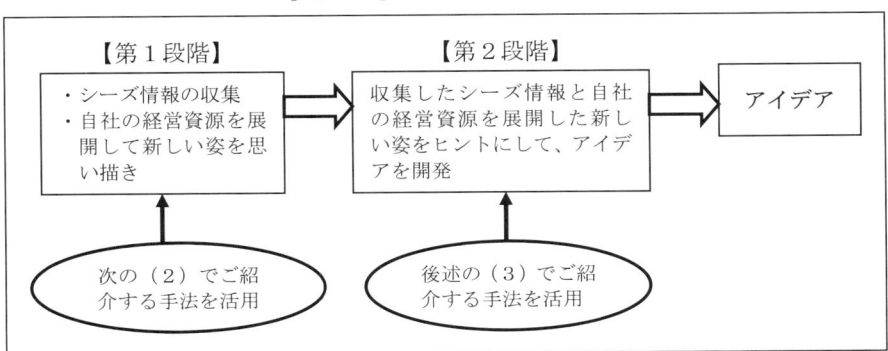

【図表4-8】シーズ展開法の構造

【第1段階】	【第2段階】	
・シーズ情報の収集 ・自社の経営資源を展開して新しい姿を思い描き	収集したシーズ情報と自社の経営資源を展開した新しい姿をヒントにして、アイデアを開発	アイデア
↑ 次の（2）でご紹介する手法を活用	↑ 後述の（3）でご紹介する手法を活用	

第2部　個人向け新製品・サービスのアイデア開発

(2) 第1段階のための具体的な手法

　第1段階のための手法としては、以下の14の手法が考えられます。その内、①と②は「シーズ情報の収集」、③～⑭は「経営資源を展開した姿・イメージの思い描き」のための手法です。

　各々の手法についてご説明する前に、二点、補足します。

　第一に、読者の皆さんは、以下の手法を読んでいかれる途中で、異なる手法の間に一部重複があることにお気づきになると思います。これは、筆者が思いつくすべての手法を網羅しようとしたため、どうしても避けられなかったものです。一部の重複はあっても、それぞれの手法の基本的な視点は異なっていますので、気にしないようにしてください。

　第二に、既存の製品・サービスの新しい姿やイメージを展開していく過程で、新製品・サービスの具体的なアイデアがストレートに思い浮ぶこともあると思います。その場合は、第2段階での検討は不要となります。

① 経営者が持っているシーズ情報の収集

　「灯台もと暗し」と言います。シーズ情報の収集は、まず、会社について一番詳しい経営者ご自身の足元から始めましょう。足元を照らしたり掘り返したりしてみたら、思わぬお宝が見つかるかもしれません。

　経営者の方々は、会社の過去と現在の事業や強み・弱みにだれよりも精通し、会社の将来のさまざまなビジョン、姿、事業について、毎日だれよりも強く思い描いておられることと思います。そのような経営者の方々に、将来実現したい新製品・サービスの素（もと）を社内へ発信いただくことが、アイデア開発にとってはもっとも貴重であり効率的です。漠然としたものでも構いません。あなたご自身が抱えている、たとえば以下のような問題意識や理想を社内プロジェクト・チームに提示して、具体的な新製品・サービスのアイデアとして仕上げるよう指示してみてください。

A．あなたの理想

　あなたが今後会社を通して実現したい理想は、何でしょうか。

B．あなたの社会への貢献意識

　今後社会の役に立って行きたいと考えておられる新しい事業、製品・サー

ビス、あるいは技術は、何でしょうか。

C．あなたが描く会社のビジョン

あなたの会社は、5年後、10年後、15年後にどのような姿に成長・発展しているでしょうか。そして、そのような姿に成長・発展するには、あなたの会社は今後何をしていくべきでしょうか。

D．あなたが考える会社の課題

事業、製品・サービス、あるいは技術の面で、会社として解決すべき問題や新たに取り組むべき課題は何でしょうか。

② 埋もれているシーズ情報の収集

あなたの会社の中に、「過去の技術情報」、「過去のアイデア情報」、「現在の活きたシーズ情報」の三つが埋もれているかもしれません。これらのシーズ情報を広く掘り起こします。

A．過去の技術情報

あなたの会社の仮眠技術、研究開発途中で放棄された技術、過去に失われた技術、過去に失敗した技術などをすべて棚卸ししてみます。

その結果、有望な技術あるいは技術のタネがみつかれば、それを軸として新製品・サービスの開発を目指すのです。

B．過去の製品・サービスやアイデアに関する情報

上記と同様に、過去の新製品・サービスのアイデア、過去に失敗した製品・サービス、休眠中の新製品・サービスのアイデアなどをすべて洗い出してみます。現在では市場の状況や一般消費者の意識も変わっています。過去に何らかの理由で失敗したり実現できなかったりしたアイデアの中には、現在であれば市場や顧客に受け入れられるアイデアがひょっとすると埋もれているかもしれません。

C．現在の活きたシーズ情報

あなたの会社の研究開発部門、技術部門、営業部門などの製品・サービスに直結する部門に、有益なシーズ情報が埋もれている可能性もあります。それらの部門に、日頃問題意識をもって積極的に仕事に取り組む中で、新製品・サービスや新技術に関するさまざまなアイデアを独自に考えだして、人知れ

ず温めている社員がいるかもしれないからです。また、研究開発部門では、いわゆる「隠し研究（Under the Table）」として研究員が個人ベースで続けている面白いテーマが、出番を待っているかもしれません。

上記の人達を含めて社内から幅広く情報をつのることも、忘れないようにしましょう。そのためには、ニーズ対応法の場合と同様に、社員提案制度やアイデア・コンテストを含めた適切な仕組みづくりが必要です。

③ 欠点克服、理想実現、用途拡大

これは、あなたの会社の製品・サービスや技術を三つの視点から見直すことによって、その新しい姿・イメージを思い描こうとするものです。

Ａ．欠点克服

あなたの会社の製品・サービスや技術の欠点、弱さ、不足といったマイナスの要素を見つけて、それを克服した姿を思い描きます。

この視点は、製品・サービスの「改良」に向いています。

Ｂ．理想実現

あなたの会社の製品・サービスや技術の理想的な姿を思い描きます。

思い描いた理想形が現在の姿と大きく異なっている場合は、「（大幅な）改良」または「新規開発」につながる可能性があります。一方、思い描いた理想形が現在の姿と少しだけ異なっている場合には、製品・サービスの「（小幅の）改良」につながるでしょう。

Ｃ．用途の拡大

あなたの会社の製品・サービスや技術に関連すると思われる用途を、制限をいっさい設けずに、考えられる限り発散・拡大します。

これは、前章で紹介しました「用途開発」そのもののアプローチです。

④ オズボーンのチェックリスト法

オズボーンのチェックリスト法は、米国の大手広告会社の社長を務めたアレックス・オズボーンという人が考案した発想技法です。この発想技法を活用して、あなたの会社の製品の新しい姿を思い描きます。後述しますが、サービスや技術については対象外です。（ちなみに、前出の「ブレインストーミング」もオズボーン氏が考案したものです。）

A．チェックリスト法の概要

　チェックリスト法では、対象を「転用、応用、変更、拡大、縮小、代用、再利用、逆転、結合」の九つの「角度」と各々の「切り口」から見つめ直すことによって、新しい形を発想します。日本創造学会のホームページによりますと、「角度」ごとの具体的な「切り口」は下表の通りです。

【図表4-9】チェックリストの角度、切り口、事例

角度	具体的な切り口	マッチの例
a．転用	そのままで新用途は、他への使い道は、他分野へ適用は	着火用→マッチ棒の家
b．応用	似たものはないか、何かの真似は、他からヒントを	はし立て→円筒型マッチ
c．変更	意味、色、働き、音、匂い、様式、型を変える	四角→丸・三角型マッチ
d．拡大	追加、時間、頻度、強度、高さ、長さ、価値、材料、誇張	大マッチ
e．縮小	減らす、小さく、濃縮、低く、短く、軽く、省略、分割	ミニマッチ
f．代用	人を、物を、材料を、素材を、製法を、動力を、場所を	木→紙マッチ
g．再利用	要素を、型を、配置を、順序を、因果を、ペースを	軸入れの場所変え
h．逆転	反転、前後転、左右転、上下転、順番転、役割転換	超豪華マッチ
i．結合	ブレンド、合金、ユニットを、目的を、アイデアを	占いマッチ

（出典）日本創造学会のホームページ － 作成・高橋誠、参照・『創造力辞典』（日科技連出版社）

B．チェックリスト法の活用法

　この手法は、形のないサービスや技術については活用しづらいので、製品のみが対象となります。

　あなたの会社でも、上記のa～iの九つの「角度」と各々の「切り口」に沿って製品を徹底的に見つめ直して、新しい姿・イメージを大胆に描いてみてください。斬新な姿・イメージがきっと描けるはずです。

　なお、上述しました「切り口」がすべてではありません。あなたの会社の製品の実態に合わない場合には、適切な「切り口」に設定し直してください。

⑤　既存の製品・サービスのコンセプトと属性の変更

　これは、あなたの会社の既存の製品・サービスの基本的な要素であります「コンセプト」と「属性」を変更することによって、製品・サービスや技術の新しい姿やイメージを思い描く方法です。その手順は次の通りです。

第2部　個人向け新製品・サービスのアイデア開発

A．既存の製品・サービスのコンセプトと属性の分析

　発想を始める前に、あなたの会社の製品・サービスのコンセプトと属性はどうなっているのか、現状を分析する必要があります。分析に使うシートの様式は自由ですが、見本を以下に掲載します。あなたの会社の製品・サービスに合わせて修正してください。

　コンセプトについては、第2章で説明しました通り四つの項目で構成されます。その内の「どんな方法で」は、コンセプトを実現するための技術やデザインなどを記入する欄ですが、そこには、後の属性の欄で分析した結果を記入します。

　属性については、製品・サービスともに五つの属性から構成されますが、製品の場合は、基本的な形を形成する「機能的属性」と「デザイン属性」の二つを対象とします。サービスの場合も、同じく「中核的サービス」と「付属的属性」の二つの属性を対象とします。他の三つの属性を除くのは、一部の例外はありますが、新製品・サービスのアイデア開発に直接関係しないからです。

【図表4-10】製品の分析シート（見本）

製品名：			だれに	どんな場面で	どんな方法で	どんな価値を
コンセプト					（＝属性欄）	
機能的属性	要素	機能・性能、材料、品質、など	1. 2. 3.		技　術　力	
	特性	安全性、快適性、など	1. 2. 3.			
デザイン属性	要素	デザイン、スタイル、模様、柄、サイズ、など	1. 2. 3.		デザイン力	
	特性	クラシック、現代的、斬新、独創的、など	1. 2. 3.			

（記入方法）・コンセプトの「どんな方法で」の欄は、属性の欄で詳しく触れるため省略可
　　　　　　・「特性」の欄には、特に優れた点や競合品との大きな違いを記入する。

第4章　個人向けの新製品・サービスのアイデア開発法

【図表4-11】サービスの分析シート（見本）

サービス名：					
コンセプト		だれに	どんな場面で	どんな方法で	どんな価値を
				（＝属性欄）	
中核的サービス	要素	1. 2. 3.	専門能力		
	特性	1. 2. 3.			
付属的属性	ハード	1. 2. 3.			
	ソフト	1. 2. 3.			

（記入方法）同　上

B．「コンセプトの変更」による方法

　次に、上表で整理しましたコンセプトを変更して、新製品・サービスの新しい姿やイメージを思い描きます。それには、三つの構成要素の各々について次のような手順を踏みます。

a．「だれに」の代替案

　顧客や市場を表す「だれに」については、既存の製品・サービスが対象としている顧客セグメントについて、できるだけたくさんの代替案を考えます。

　なお、第2章で述べました通り、代替する市場セグメントは、大き過ぎず小さ過ぎないこと、市場の人数・規模や購買力をある程度測定できること、競争が激しくないことなどの条件を満たす必要があります。

【図表4-12】顧客セグメントの変更例

ビフォー	アフター
中年の男性向け	高年齢の男性向け
20～30歳台の女性向け	女性の乳幼児向け
乳幼児・児童向け	大人向け

97

b．「どんな場面で」の代替案

　次に、製品・サービスが利用または購入される場面について、現在とは異なる想定をします。場面には、「いつ（Time）」、「どんな場所で（Place）」、「どんな状況で（Occasion）」の三つの局面があります。

【図表4-13】　ＴＰＯの変更の例

ビフォー	アフター
日常生活用 →	贈答用、土産用、記念品用、冠婚葬祭用、産業用
都市用 →	寒冷地・極寒地用、熱帯地方用、砂漠用、山岳地用、海中用・深海用、地中用、宇宙用
常温使用 →	超低温用、低温用、高温用、超高温用
単一用途、単一機能 →	多用途、多機能
家庭用、消費財 →	業務用、生産財、公用
固定式 →	携帯式

（注）1．上表の向きとは逆の方向も当然考えられます。
　　　2．上表には生産財としての活用の場面も含まれています。

c．「どんな価値を」の代替案

　次に、「だれに」と「どんな場面で」のそれぞれの代替案を組み合わせて、新しい顧客価値を創造できないか検討します。たとえば「だれに」については五つの代替案、「どんな場面で」については三つの代替案を考えだしたとしますと、5×3で合計15の組み合わせができます。それぞれのケースについて、新しい顧客価値を発想してみます。

　そして、おもしろい顧客価値が発想できたら、たとえば下表のような表に整理しておきましょう。

【図表4-14】コンセプト変更のイメージ

	旧コンセプト →	新コンセプト
だれに		
どんな場面で		
どんな価値を		

C．「属性の変更」による方法

　製品とサービスの二つの属性についても、前の表で整理しました要素と特性ごとに、「新しい働きや姿・イメージ」を思い描いてみます。

　ちなみに、製品については、「新しい働きや姿・イメージ」を検討するに当たっては、上記④で紹介しました「オズボーンのチェックリスト法」を利用してみるのも一考です。つまり、製品の各々の要素と特性ごとに、チェックリストの「角度」と「切り口」に沿って検討するのです。ただし、この場合には、項目が多岐にわたり発想としての作業量が膨大になる可能性があります。仮に、ある製品について、五つの「要素と特性」、六つの「角度」、各々の角度ごとに三つの「切り口」で検討することになりますと、発想としての作業は５×６×３の90通りにのぼることになります。

⑥　ポジショニング

　ポジショニングについては、第３章で開発アプローチを選択する方法として詳しく紹介しましたが、自社の製品・サービスや技術を展開した新しい姿・イメージを描く方法としても活用できます。

　以下、製品に焦点を絞って、その手順をご説明します。具体例として、「男性用ワイシャツ」を取りあげます。

Ａ．競合製品のポジションのプロット

　まず、自社の「男性用ワイシャツ」のポジションを、キーとなる二つの評価軸に沿ってポジショニング・マップにプロットします。次の図がその結果です。

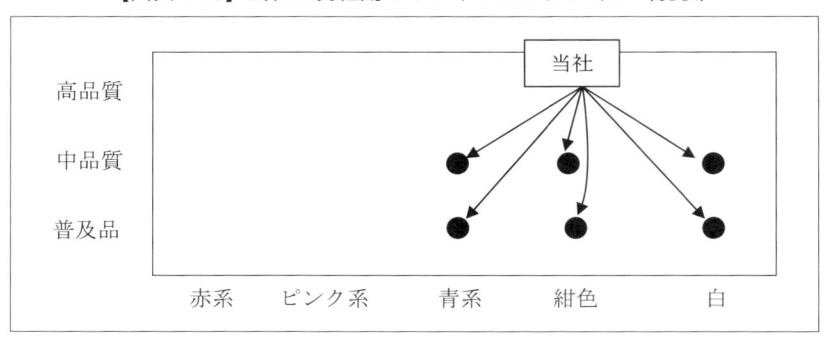

第2部　個人向け新製品・サービスのアイデア開発

【図表4-15】当社の男性用ワイシャツのポジション（現状）

```
高品質
                              当社
中品質           ●      ●      ●
普及品           ●      ●      ●
       赤系  ピンク系  青系   紺色    白
```

B．現状の把握

　次に、ポジショニング・マップから現状を把握します。上の図からは次の点が明らかになります。

　第一に、当社では、青系、紺色、白の３色の中品質と普及品のワイシャツに特化している。

　第二に、当社では、高品質については五色すべてを取り扱っていない。

　第三に、当社では、赤系とピンク系については、普及品と中品質も取り扱っていない。

C．新しい姿・イメージの思い描き

　次に、上記で明らかになった現状に基づいて、当社として今後どのような方向で取り組んでいくか検討します。上記の例からは、次の二つの方向が見えてきます。そして、方向が決まれば、製品の新しい姿・イメージが具体的に浮かんできます。

　第一は、当社では高品質のワイシャツをまったく取り扱っていないので、新たに開発して取り扱うという方向です。そうすることによって、青系、紺色、白については、普及品から高品質までの品揃えができることになります。

　この方向なら、「青系、紺色、白、赤系、ピンク系の高品質品」という新製品のイメージが浮かんできます。

　第二は、赤系とピンク系については、普及品と中品質も取り扱っていないので、新たに開発して取り扱うという方向です。

この方向なら、「赤系とピンク系の普及品と中品質」という新製品のイメージが浮かんできます。
　具体例では、以上の二つの方向しか思い浮かびません。もっとたくさんの方向を発想するには、袖の長さや襟の形など別の評価軸を使って同じような手順を繰り返します。
　なお、実際の場面では、他社との競合も視野に入れる必要がありますので、自社の製品・サービスと他社の製品・サービスを並べてポジショニングすることになります。具体的には、後述の「他社参考法」（→130頁）をご参照ください。

⑦　**製品のライフサイクル（Product Life Cycle）**

　ご存じの方もたくさんおられると思いますが、「製品のライフサイクル」とは、製品が市場に導入されてから衰退するまでを描写した「生涯曲線」のことです。この見方に沿って、あなたの会社の製品・サービスの将来の姿・イメージを描いてみましょう。
　なお、技術についても、製品と同様の「技術のライフサイクル」という考え方がありますので、それに沿って将来の姿・イメージを描いてみましょう。

A．製品のライフサイクルとは

　これは、詳細については他の書籍に譲りますが、製品には、市場に導入された後に「導入期」、「成長期」、「成熟期」、「衰退期」の四つの段階があり、売上高と利益は、それぞれの段階に応じて変化するという説です。また、とるべき製品戦略も、それぞれの段階によって以下の通り異なります。

　a．導入期
　　この時期は、新製品を市場に導入したばかりであり、その「改良」にたゆまず注力することが必要です。

　b．成長期
　　市場の成長に伴って他社が次々に参入してきますので、それに対抗して製品をさらに「改良」すると共に、次々に「新製品」を開発して投入します。

　c．成熟期
　　市場には類似品がたくさん出回っていますので、それらの競合品との「差

別化」を図ることが必要になります。

　d．衰退期

　　市場の衰退に合わせて、事業を縮小、撤退するか、あるいは、製品の「改良」や「新製品」の開発・投入を続けて残存者利益を享受するか、会社によって戦略が分かれます。

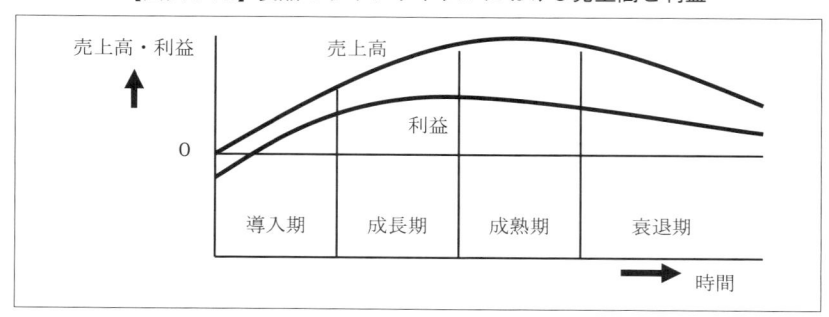

【図表4-16】製品のライフサイクルにおける売上高と利益

(出典)『マーケティング・マネジメント［第7版］』フィリップ・コトラー著　村田昭治監修　小阪恕、疋田聰、三村優美子訳　プレジデント社　（1996）p.314

B．製品のライフサイクルの活用法

　あなたの会社でも、製品のライフサイクルを活用して、製品・サービスの新しい姿やイメージを描いてみてください。その手順は次の通りです。

　まず、あなたの会社の製品・サービスが、現在はライフサイクルのどの段階にあるか把握します。

　そして、その製品・サービスが次の段階、あるいはその次の段階へと進んだとしたら、どのような姿になっているか推測します。つまり、製品・サービスの将来の発展した姿を思い描くのです。

第4章　個人向けの新製品・サービスのアイデア開発法

> **【参考情報】ライフサイクル・パターンの変化形**
>
> 　製品のライフサイクル・パターンとしては、上述しました四段階のパターンがもっとも代表的ですが、それ以外では次のようなパターンも見られます。
> 　ただし、ライフサイクルがどのようなパターンを描くかは、上述しました製品・サービスの発展形を思い浮かべる上で重要ではありません。
>
> 　　　成長・低迷・成熟型　　　　サイクル反復型　　　　サイクル複合型
>
> 　　　　　　　　　　（出典）同上　p.316

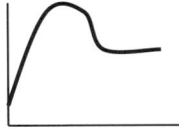

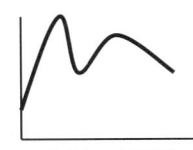

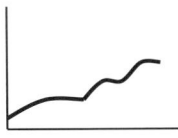

⑧　コア技術戦略

　これは、あなたの会社の現在のコアとなる技術やサービス・スキルを未来に展開して、新しい姿やイメージを思い描く方法です。

A．コア技術戦略とは

　「コア技術戦略」とは、延岡健太郎氏の著書『日経文庫　製品開発の知識』（日本経済新聞出版社、2009年、p.65）によりますと、「特定の技術分野に集中することによって競争優位を確かなものとし、さらにはその技術をベースとした新製品を次々と開発・導入する戦略」のことです。

　この考え方は、中小企業にとっては当然のことかもしれません。まったく関連のない技術や技能を次々に生み出すには、豊富な経営資源が必要であり、中小企業にとって現実的ではありません。したがって、今ある技術をベースとして、それを次の世代、その次の世代へと連続的に改良、応用、展開していくことが通常だからです。

　大企業につきましても、インターネットで各社のホームページを閲覧しますと、この戦略が基本だということが読み取れます。それらの中から代表的な例を取りあげて、次の表にご紹介します。

第2部　個人向け新製品・サービスのアイデア開発

【図表4-17】コア技術戦略の事例

会社名	コア技術	コア技術の応用・展開
京セラ㈱	ファインセラミック技術	繊維機械用部品、製紙部品、ポンプ部品などの耐摩耗部品、半導体・液晶の製造装置部品、携帯電話の基地局用誘電体、LED用基板など
東レ㈱	有機合成化学、高分子化学などのコア技術とナノテクノロジーを融合	繊維事業、プラスチック・ケミカル事業などの基盤事業、および、情報・通信機材事業、炭素繊維複合材料事業、医薬・医療材事業、水処理などの環境事業など
日本電産㈱	モーター技術	スマートフォン向けバイブレーション用精密小型モーターから超大型の産業システム向けモーターまで多岐にわたる製品群
ユニ・チャーム㈱	不織布・吸収体の加工・成形技術	ベビー用紙オムツなどのベビーケア用品、生理関連用品、大人用排泄介護用品、ペットシートなど

(出典) 各社のホームページから作成

B．コア技術戦略の応用法

　あなたの会社でも、コア技術戦略の考え方に基づいて、既存の技術やサービス・スキルを展開した新しい姿やイメージを思い描いてみてください。その手順は以下の通りです。

　a．中核の技術やスキルの選定

　　まず、あなたの会社のコア技術の中から、対象とする技術やスキルを選定します。コア技術やコア・スキルに替えて、将来の中核として育てたい技術やスキルでも構いません。

　b．中核の技術やスキルの発展形の予想

　　次に、その技術やスキルを今後中長期にわたって世代ごとに進化・発展させていくと、どのような技術やスキルが育っていくか予想します。その際、機能や性能を世代ごとに高めていくといった単純な発想では面白くありません。一つ前の世代とまったく連続性がないような奇想天外な新技術や新スキルを、どしどし想像しましょう。

　　ちなみに、ここで描いた未来の新技術や新スキルは、短期的な新製品・サービスの開発に資するばかりではなく、中長期的な技術戦略や製品・サー

ビス戦略を策定する上での貴重な指針・目標にもなります。

　　ｃ．発展形の中から選定

　　　そして、それらの未来の新技術や新スキルの中から、前倒しでの実現が可能と見込まれ、顧客ニーズを満たせそうなものをピックアップします。それが、コア技術戦略を応用して描いた「技術やスキルの新しい姿・イメージ」となります。

　　ｄ．注意事項

　　　あなたの会社が製造業で、この手法をいくら活用しても新しい技術が思い浮ばない場合には、強みや得意としている技術にこれ以上の発展性がないということにもなりかねません。どうか途中であきらめずに、もう一度、とことん新しい技術を追求してみてください。

Ｃ．関連樹木法（ロジックツリー）の活用

　ご参考として付け加えます。

　上記のａとｂの二つのプロセスでは、「関連樹木法」という発想技法を活用すると大変便利です。次の図をご覧ください。以下、技術の場合について具体的な手順をご説明します。

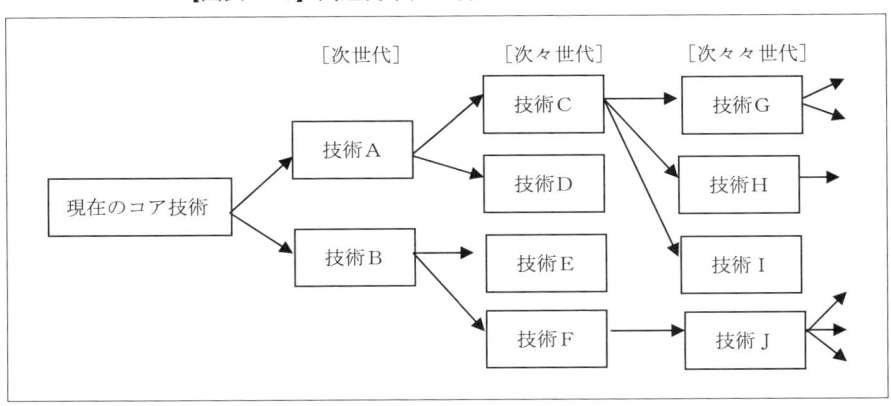

【図表4-18】関連樹木法を利用したコア技術の展開

```
                [次世代]      [次々世代]     [次々々世代]
                            ┌─→ 技術C ──┬─→ 技術G →→
                  ┌─→ 技術A ─┤          │
                  │          └─→ 技術D   ├─→ 技術H →
現在のコア技術 ──┤                       │
                  │          ┌─→ 技術E   ├─→ 技術 I →
                  └─→ 技術B ─┤          │
                             └─→ 技術F ──┴─→ 技術J →→
```

a．中核の技術の記入

　　あなたの会社の中核の技術を、一番左の「現在のコア技術」の欄に記入します。

　b．中核の技術の発展形の記入

　　次に、それらのコア技術を「次の世代（A～B）、その次の世代（C～F）、さらにその次の世代（G～J）、…」へと次々に展開させて、未来の姿やイメージを予想します。夢でもロマンでも構いませんので、未来の姿やイメージを大胆に思い描いて、各々の欄に記入します。

⑨　SWOT 分析

　SWOT 分析は、元々は経営戦略や事業戦略を策定する際に活用される手法ですが、ここでは、会社として必要とする製品・サービスや技術の新しい姿やイメージを得るための手法として応用します。

A．SWOT 分析の手順

　まず、SWOT 分析の基本をご理解いただくため、事業戦略を策定する場合の手順についてご説明しましょう。

　手順としては、最初に経営環境について分析した上で、分析結果に基づいて今後取るべき対策や戦略を策定することになります。次の表をご覧ください。以下、それに沿って具体的にご説明します。

【図表4-19】 ＳＷＯＴ分析による経営環境の分析

[検討する事業領域]			内部環境	
			強み	弱み
			① ② ③	① ② ③
外部環境	機会	① ② ③		
	脅威	① ② ③		

(注) 検討する事業領域は、ある程度限定する必要があります。そうでないと、範囲が広すぎて、取りとめがなくなったり、内容に矛盾が生じたりする恐れがあります。

　ａ．経営環境（外部環境と内部環境）の分析

　　経営環境の分析のためには、まず、ＳＷＯＴ分析シートの横軸に「内部環境」、縦軸に「外部環境」の欄をそれぞれ設けます。「内部環境」とは、自社の研究開発力、技術・ノウハウ、生産能力、製品・サービス、マーケティング力、人材、設備、資金などの経営資源の状況のことです。「外部環境」とは、企業を取り巻く政治、経済、社会、技術、人口動態、自然環境、市場・顧客、取引先、競合企業などの動向を指します。

　　次に、「内部環境」の欄には、経営資源に由来する会社の「強み（Strength）」と「弱み（Weakness）」の二つの要因の欄を設けます。「外部環境」の欄についても、外部環境の動向から生じる会社にとっての「機会（Opportunity）」と「脅威（Threat）」の二つの要因の欄を設けます。（ちなみに、「SWOT」は、これらの英単語の頭文字をとった頭字語です。）

　　そして、「内部環境」と「外部環境」をそれぞれの要因（「強み」、「弱み」、「機会」、「脅威」）ごとに詳しく分析して、その結果を①〜③の欄に記入します。

　ｂ．対策・戦略の策定

　　次に、各々の要因が交わる四つの象限（Ⅰ〜Ⅳ）ごとに、具体的な対策や戦略を策定します。次の表を併せてご覧ください。

【図表4-20】 ＳＷＯＴ分析による対策・戦略の策定

[検討する事業領域]			内部環境	
			強み	弱み
			① ② ③	① ② ③
外部環境	機会	① ② ③	Ⅰ （攻勢） （強みをいかして、機会をとらえる対策を検討）	Ⅲ （改善） （弱みを克服して、機会をとらえる対策を検討）
	脅威	① ② ③	Ⅱ （差別化） （強みをいかして、脅威を乗り越える対策を検討。）	Ⅳ （撤退他） （危機を回避する対策を検討。）

　Ⅰの象限は、自社に強み、外部に機会がある場合です。この場合は、今後、自社の強みを最大限にいかしつつ、外部の機会を最大限にとらえて、積極的に攻勢をかけます。また、自社の強みは、この機会にさらに強化します。これらを実現するための具体的な対策や戦略をⅠの象限に記入します。

　Ⅱの象限は、自社に強みがあり、外部に脅威がある場合です。この場合は、今後、強みをいかして、脅威を乗り越えるようにします。また、この機会に自社の強みをさらに強化して、他社に対して差別化することが必要です。これらを実現するための具体的な対策や戦略をⅡの象限に記入してください。

　Ⅲの象限は、自社に弱みはあるが、外部に機会がある場合です。この場合は、今後、自社の弱みを克服しながら、機会を最大限につかむようにします。また、自社の弱みについては、この機会に改善・克服することが重要です。これらを実現するための具体的な対策や戦略をⅢの象限に記入します。

　最後のⅣの象限は、自社に弱みがあり、外部に脅威もある場合です。この場合は、会社にとっての危機ですので、脅威と弱みの双方を克服できる対策、あるいは縮小、撤退などの危機回避策を練ることになります。これらの具体的な対策や戦略をⅣの象限に記入します。

Ｂ．ＳＷＯＴ分析の応用法

　上述しましたＳＷＯＴ分析を応用して、製品・サービスや技術の新しい姿

第4章　個人向けの新製品・サービスのアイデア開発法

やイメージを思い浮かべます。下表に沿って、その手順を具体的にご説明しましょう。

【図表4-21】　ＳＷＯＴ分析を応用した新製品・サービスのアイデア開発

<table>
<tr><td colspan="3" rowspan="3">［検討する事業領域］
＿＿＿＿＿＿＿＿＿＿＿＿</td><td colspan="2">製品・サービス、技術</td></tr>
<tr><td>強み・長所</td><td>弱み・短所</td></tr>
<tr><td>①
②
③</td><td>①
②
③</td></tr>
<tr><td rowspan="2">市場環境</td><td>機会</td><td>①
②
③</td><td>Ⅰ　（攻勢）
（強みをいかして、機会をとらえる製品・サービスや技術を発想。）</td><td>Ⅲ　（改善）
（弱みを克服して、機会をとらえる製品・サービスや技術を発想。）</td></tr>
<tr><td>脅威</td><td>①
②
③</td><td>Ⅱ　（差別化）
（強みをいかして、脅威を乗り越える製品・サービスや技術を発想。）</td><td>Ⅳ　（撤退等）
（製品・サービスや技術の根本的な改善や売り止め、縮小、撤退等の危機回避策を検討。）</td></tr>
</table>

　ａ．経営環境の分析

　　ＳＷＯＴ分析シートの横軸には、まず、「内部環境」ではなく、「製品・サービス、技術」の欄を設けます。次に、その欄を「強み・長所」と「弱み・短所」の二つに区分します。縦軸には、市場環境として、既存の製品・サービスや技術に対する市場の「機会」と「脅威」の二つの欄を設けます。（ちなみに、市場環境については、社会の変化、顧客ニーズの変化、競合他社の製品・サービスや技術開発の動向といった観点は、欠かせません。）

　　そして、それぞれの要因（「強み・長所」、「弱み・短所」、「機会」、「脅威」）ごとに詳しく分析して、その結果を記入します。上表では①～③の欄です。

　ｂ．対策・戦略の策定

　　そして、横軸と縦軸が交差するⅠ～Ⅳのそれぞれの象限について、次のような考え方に基づいて、会社が必要とする新しい製品・サービスや技術の新しい姿やイメージを具体的にさぐります。

　　Ⅰの象限については、既存の製品・サービスや技術の強みをいかし、ま

109

第2部　個人向け新製品・サービスのアイデア開発

たそれらの強みをさらに強化して、市場の機会をとらえるには、どのような新製品・サービスや新技術が必要かを思い描きます。

Ⅱの象限については、既存の製品・サービスや技術の強みをいかし、またそれらの強みをさらに強化して、市場の脅威を乗り越えるには、どのような新製品・サービスや新技術が必要かを思い描きます。

Ⅲの象限については、既存の製品・サービスや技術の弱みを克服して、市場の機会をとらえるには、どのような新製品・サービスや新技術が必要かを思い描きます。

Ⅳの象限については、既存の製品・サービスや技術を根本的に改善するアイデアを発想しましょう。それが困難であれば、当該の製品・サービスの売り止め、縮小、撤退などの危機回避策を検討する必要があります。

⑩　**製品のカテゴリー拡張、ライン拡張、アイテム拡張**

これは、あなたの会社の既存の製品のカテゴリー、ライン、アイテムのそれぞれを軸として、その新しい姿やイメージを思い描く手法です。（サービスにはこのような区分はありませんので、この手法は新製品のアイデア開発だけに適用されます。）

A．**製品のカテゴリー、ライン、アイテムの振り返り**

それぞれの区分については第1章で説明しましたが、まず、その説明を振り返ってみましょう。

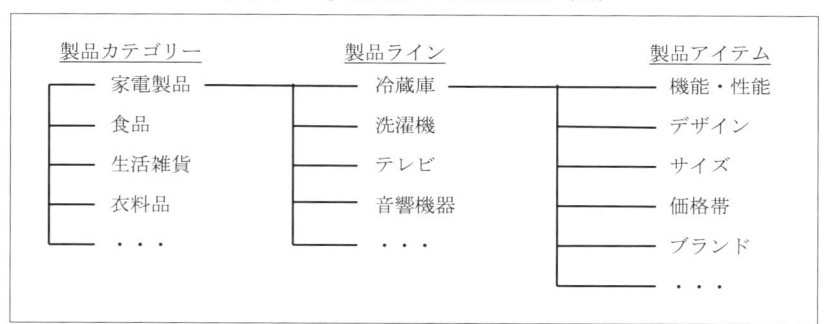

【図表4-22】消費財の3段階分類（例）

製品カテゴリー	製品ライン	製品アイテム
家電製品	冷蔵庫	機能・性能
食品	洗濯機	デザイン
生活雑貨	テレビ	サイズ
衣料品	音響機器	価格帯
・・・	・・・	ブランド
		・・・

製品カテゴリーとは、すべての製品をジャンルに応じておおまかに区分したものです。前の図では、製品カテゴリーとして「家電製品、食品、生活雑貨、衣料品、…」という区分を例示しています。

　製品ラインとは、製品カテゴリーを使用目的、機能などでより細かく分類したものです。たとえば家電製品のカテゴリーでは、「冷蔵庫、洗濯機、テレビ、音響機器、…」といった製品ラインがあります。

　製品アイテムとは、各々の製品ラインを構成する個々の製品のことです。たとえば冷蔵庫という製品ラインは、機能・性能、デザイン、サイズ、価格帯、ブランドなどが異なるさまざまなアイテムから構成されています。

B．カテゴリー拡張とその応用法

　「カテゴリー拡張」とは、本来はカテゴリー段階で新たな分野へ進出することを意味します。たとえばあなたの会社の製品カテゴリーが「家電製品」とした場合に、新たに「食品」や「衣料品」といった異分野へ進出するというケースです。

　この「カテゴリー拡張」を応用する場合、製品の新しい姿を思い描く訳ではありません。現在の技術では、「家電製品」を「食品」や「衣料品」に変えることは不可能です。抽象的な表現となり恐縮ですが、ある製品が別のカテゴリーの分野で、新たな方法や用途で利用される姿やイメージを思い浮かべることになります。つまり、「家電製品」が「食品」や「衣料品」の分野で、これまでとは異なる新しい方法や用途で利用される場面を思い描くのです。あなたの会社の既存の製品に他の分野での新しい利用法や用途がないか、製品カテゴリーの垣根を越えて自由に発想します。一般消費者があなたの製品・サービスを他の分野で利用するとしたらどんな形になるか、徹底的に思い描きます。

　念を押しますが、製品そのものを他の分野での新製品に変身させるのではありません。「家電製品」をいくら展開（改良、応用、発展）させても、「食品」や「衣料品」にはなりません。「食品」や「衣料品」といった新しい分野での「家電製品」の新しい利用法や用途を、思い描くのです。

　製品の他に、技術を活用して他の分野へ進出するという戦略もあります。

111

その場合は、既存の技術を他の分野で展開した姿を思い描くことになります。上記の例では、「家電製品」で培った技術を「食品」や「衣料品」の分野で応用した姿を思い描くことになり。

なお、製品と技術のどちらにしても、他の分野への進出はリスクが非常に高い場合が多いので、中小企業にはあまりお勧めできません。

C．ライン拡張とその応用法

「ライン拡張」とは、製品ラインを（同じカテゴリーの）別の製品ラインへ広げることを意味します。たとえば、現在の製品ラインが冷蔵庫だとしたら、洗濯機やテレビといった別のラインへ進出することが、これに当たります。

この「ライン拡張」を応用して新しい製品を思い浮かべる方法としては、以下の二つが考えられます。

第一は、既存の製品を別の製品ラインで活用する姿を思い浮かべる方法です。たとえば、冷蔵庫を洗濯機として活用するのであれば、（滑稽な例かもしれませんが、）洗濯と冷蔵の両方の機能を備えた「洗濯冷蔵庫」のようなイメージを思い浮かべます。

第二は、技術を活用して他の製品ラインへ進出する方法です。その場合は、既存の技術を他の製品ラインで展開した姿を思い描くことになります。上記の例であれば、冷蔵庫に関する技術の中から洗濯機でも活用できる技術を選定して、それを活用するイメージを描くことになります。

D．アイテム拡張とその応用法

「アイテム拡張」とは、既存の製品に新しいアイテム（個々の製品）を追加するものです。上記と同じ冷蔵庫を例に通りますと、現在の冷蔵庫の製品群に、機能・性能、デザイン、サイズ、価格帯、ブランド、素材などの属性が異なるバリエーションを開発して追加します。

この場合は、新しいバリエーションそのものが既存の製品を展開した姿やイメージとなります。

第4章　個人向けの新製品・サービスのアイデア開発法

【図表4-23】カテゴリー拡張などの応用方法
(例：現状の製品が冷蔵庫の場合)

	応　用　方　法
カテゴリー拡張	・既存の製品を他の製品カテゴリーへ展開 　(例)家電製品を食品などの別の分野で活用する姿を思い描く。 ・既存の技術を他の製品カテゴリーで展開 　(例)家電製品の技術を食品などの別の分野で活用する姿を思い描く。
ライン拡張	・既存の製品を他の製品ラインへ展開 　(例)冷蔵庫を別の製品ラインで活用する姿を思い描く。冷蔵洗濯機。 ・既存の技術を他の製品ラインで展開 　(例)冷蔵庫の技術を洗濯機で活用する姿を思い描く。
アイテム拡張	・同じ製品ラインにアイテムを追加 　(例)冷蔵庫のバリエーションを思い描く。

⑪　マズローの欲求段階説

　これは、米国の心理学者のアブラハム・マズロー氏が1943年に発表した説です。この説を参考にして、製品・サービスや技術などの経営資源を展開した新しい姿やイメージを思い描いてみましょう

A．マズローの欲求段階説の概要

　まず、この説の概要をご説明します。詳細は他の書籍に譲りますが、主なポイントは次の三つです。

　第一は、人間の欲求には下図の通り「五つの段階」がある、ということです。

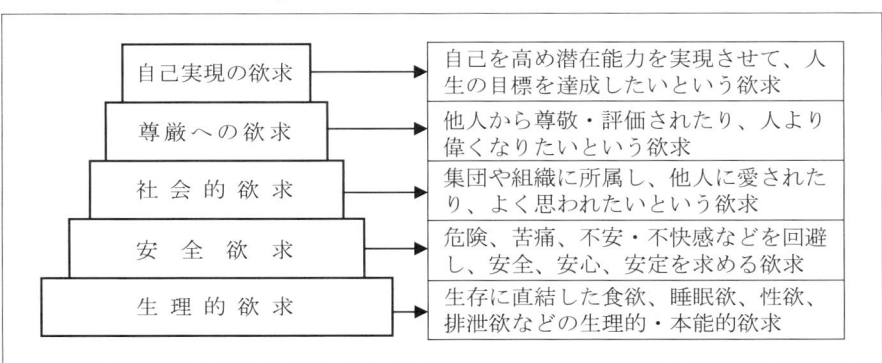

【図表4-24】マズローの欲求段階

自己実現の欲求	自己を高め潜在能力を実現させて、人生の目標を達成したいという欲求
尊厳への欲求	他人から尊敬・評価されたり、人より偉くなりたいという欲求
社会的欲求	集団や組織に所属し、他人に愛されたり、よく思われたいという欲求
安全欲求	危険、苦痛、不安・不快感などを回避し、安全、安心、安定を求める欲求
生理的欲求	生存に直結した食欲、睡眠欲、性欲、排泄欲などの生理的・本能的欲求

第二は、人間は最高位の段階である自己実現に向けて絶えず成長しようとする生き物だ、ということです。

　第三は、次の段階へ成長するには、現在の段階の欲求が十分に満たされる必要がある、ということです。

　なお、これらの基本的な欲求はさまざまな下位の欲求から構成され、また、それらの欲求は多様な動機から生じます。柏木重秋氏の著作『マーケティング総論』から引用させていただいた下の表をご覧ください。これらの欲求と動機は、新製品・サービスのアイデア開発の重要なヒントとして活用することができます。

【図表4-25】欲求（ニーズ）の種類と動機

欲　求　の　種　類			動　機
生理的ニーズ	個体保存のニーズ（自己保存欲）	飲食欲 回避の欲求 安息欲 活動の欲求	嗜好 恐怖心 休息・睡眠の欲求、娯楽の欲求 労働・スポーツの欲求
	種保存のニーズ（性欲）		異性愛、恋愛
社会的ニーズ	集団性のニーズ		模倣心
	自我実現のニーズ	自己承認の欲求 自我表現の欲求	自尊心、羞恥心、廉恥心 創造欲
	自我拡大のニーズ	獲得欲 所得欲 名誉欲 優越欲 愛情の欲求 知識欲	打算心、投機心、貯蓄心 蒐集心、独占欲、執着心 虚栄心、嫉妬心 競争心、闘争心 家族愛、愛他心 探究心、好奇心

（出典）『マーケティング総論』　柏木重秋著　同文館出版（2000）p.86

B．マズローの欲求段階説の活用法

　上述しました人間のさまざまな欲求と動機をヒントにして、製品・サービスや技術の新しい姿やイメージを思い描くには、たとえば以下のような手順が考えられます。これは、前出のニーズ対応法でご紹介しました「マインド・マップ」と呼ばれる発想技法を活用したものです。

第4章　個人向けの新製品・サービスのアイデア開発法

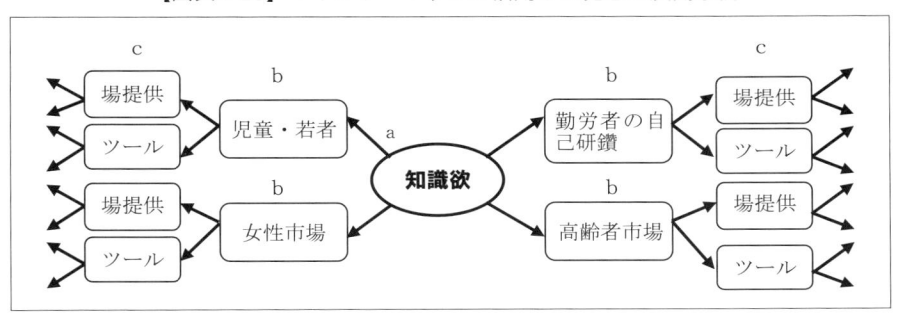

【図表4-26】マインド・マップの活用した発想の展開事例

```
    c           b              a              b           c
場提供                                                 場提供
       → 児童・若者 →              ← 勤労者の自 ←
ツール                              己研鑽         ツール
                        知識欲
場提供                                                 場提供
       → 女性市場  →              ← 高齢者市場 ←
ツール                                                 ツール
```

a．テーマの選定

　まず、中心となるテーマを決めて、図の中央のａの欄に記入します。

　テーマとしては、前出の表を参考にするのであれば、小分類あるいは動機を表すキーワードの中から選びます。ここでは、たとえば「自我拡大の欲求」の中の「知識欲」を選ぶこととします。（なお、「知識欲」ではなく、類似する「勉学欲」、「研究欲」といった別のキーワードに置き換えても構いません。あなたの会社の事業領域としてふさわしい言葉を設定してください。）

b．イメージやキーワードの連想

　次に、上記で設定したテーマから、あなたの会社に関連すると思われるキーワードを連想して、ｂの欄に放射状に記入していきます。

　どんな領域や市場が関連するか、その領域や市場にはどんな顧客ニーズがあるか、何か変化していることはないか、人間が次の段階へいくためには何が必要かなどの視点から、どんなことでも構いません。自由に幅広く発想します。

c．連想の繰り返し

　次に、ｂの欄に記入したそれぞれのキーワードから別のキーワードを連想して、ｃの欄に放射状に記入していきます。

　そして、「もうこれ以上は無理だ」という状態になるまで、ｄの欄、ｅの欄へと連想を拡大させていきます。

d．製品・サービスや技術の新しいイメージの発想

115

最後に、上記の連想によってうまれた一つ一つの「キーワード」とあなたの会社の「製品・サービスや技術」を組み合せて、製品・サービスや技術の新しい姿やイメージを可能な限り思い浮かべます。

⑫ **社会の変化への適応**

　事業は環境適応業と言われます。つまり、事業とその根幹をなす製品・サービスや技術は、社会をはじめとする外部環境の変化に遅滞なく適応させ、変えていく必要があるということです。

　この手法では、あなたの会社の製品・サービスや技術を外部環境の変化に適応して変化させた場合に、どのような姿やイメージになるか、「刺激語法」と呼ばれる発想技法を応用して思い描きます。その手順は以下の通りです。

Ａ．関連するキーワードの洗い出しとカード化

　まず、あなたの会社の事業全般あるいは特定の事業に関連する外部環境やその変化を表すキーワードを、すべて洗い出します。キーワードは数えきれないほど出てくると思いますが、最低でも百ぐらいは確保しましょう。（ちなみに、筆者が思いついたキーワードを、ご参考までに次の表に列挙してみました。これ以外にも、あなたの会社独自のキーワードがたくさんあると思いますので、追加してください。）そして、それぞれのキーワードを一枚ずつカードに書き出します。

第4章　個人向けの新製品・サービスのアイデア開発法

【図表4-27】外部環境の変化を表すキーワード

A．	災害・地震対策、東日本大震災復興、リスクへの備え、セキュリティ
B．	人口の高齢化、単身・独居世帯、長寿化、若さ・体力の維持、富裕シルバー層、高齢者の生きがい、人や社会との関わり、孤独死・ネット見守り、家事代行
C．	人口の減少、過疎化、限界集落、空家の増加、地方創生
D．	少子化、晩婚化、女性の社会進出、子育て・保育、主婦と主夫、家事代行
E．	趣味、娯楽・レジャー、ガーデニング、DIY、常設イベント・定期開催イベント、楽しみ、慰め、精神的充足、自己実現、個性発揮・他人との差別化、お一人様
F．	女性の美容、健康、シェイプアップ、ファッション
F．	クラウドコンピューティング、ビッグデータ、ソーシャルネットワーク、ユビキタス（だれでも、どこでも、いつでも）、モバイル、電子化、在宅勤務
G．	環境問題、循環型社会、3R（リデュース、リユース、リサイクル）、エコ、省スペース、省エネ、節電、環境にやさしい、ゴミの資源化、スマート・グリッド＆メーター
H．	TPP、農業強化、農作物輸出、B級グルメ、地産地消
I．	医療、再生医療（iPS細胞、ES細胞）、老人医療・介護
J．	機械化、ロボット・自動化、3Dプリンティング、介護ロボット
K．	アウトソーシング、クラウドソーシング、クラウドファンディング
L．	東京オリンピック、外国人観光客、おもてなし
M．	社会インフラ（高速道路、一般道路、架橋、上下水道管、ガス管）のリフォーム、鉄道高架化、光ファイバー設置
O．	その他－「手作り感・個性化・プロ仕様・プロ級」、「リサイズ・小分け」、「操作の簡略化・ユニバーサルデザイン」、「伝統・古来・古風・格式」、「時間の節約・充足」、「旬・季節感」、「ちょい高・ちょい悪」、「出前・出張サービス」

B．製品・サービスや技術の新しい姿・イメージの発想

　次に、カードを一枚ずつ引いて、そのカードに書かれた環境変化の「キーワード」とあなたの会社の「製品・サービスや技術」を組み合せて、製品・サービスや技術の新しい姿やイメージを思い浮かべます。

　ちなみに、もっと複雑になりますが、カードを二枚ずつ引いて、それらの二つのキーワードとあなたの会社の「製品・サービスや技術」を組み合せるという方法もあります。

⑬　オープン・イノベーション

　オープン・イノベーションについては、「ニーズ対応法」で紹介しましたので、説明は省きます。

　この手法を、「シーズ展開法」でも活用してみてはいかがでしょうか。現

在の製品・サービスや技術を展開した新たな姿やイメージ、あるいは新製品・サービスのアイデアそのものを、インターネットやSNS経由で公募してみるのです。

⑭ コラボレーション

これは、コラボレーションという仕組みを活用して、現在の製品・サービスや技術を展開した姿やイメージを思い描いたり、新製品・サービスのアイデアそのものを創りだす方法です。

A．コラボレーションとは

外部の企業、研究機関、専門家などと協働・共同して新しい価値を創造する取組みを、一般的にコラボレーション、略してコラボと呼んでいます。

読者の皆さんもこの言葉を聞かれたことがあると思いますが、コラボは、ファッション、食品、日用品などの分野では珍しくありません。アパレルメーカーと有名デザイナーのコラボ、飲料メーカーと煎茶メーカーのコラボなど、業種の垣根をこえたコラボも枚挙にいとまがありません。また、コラボ製品もたくさん開発されており、インターネットには多数の製品が掲載されています。その中では特に食品が多いようです。その一部を下表に転載します。

【図表4-28】 コラボ食品の例

	会　社　名	コラボ食品の名称
①	㈱壱番屋　＋　山崎製パン㈱	チキンカレードーナツ
②	㈱壱番屋　＋　日本水産㈱	カレーピラフ、カレーコロッケ
③	㈱えひめ飲料　＋　サクマ製菓㈱	ポンジュースグミ
④	井筒まい泉㈱　＋　㈱サンリオ	ハローキティーのヒレかつサンド

（出典）各社のホームページとインターネットの「コラボ食品」の検索サイドから作成

B．コラボの活用

あなたの会社でも、外部の企業や機関と協働・共同して、製品・サービスや技術の新しい姿やイメージを思い描いたり、新製品・サービスのアイデアそのものを開発してみてはいかがでしょうか。

なお、その場合には、発想や思考法が異なる者同士の組合せとなることが

重要です。異なる業種の企業、または、同じ業種であれば、製品ラインが異なる企業と組んだほうが、より面白いアイデアを得られる可能性があります。

【参考情報】コラボレーションとオープン・イノベーションの違い
「コラボレーション」と「オープン・イノベーション」については、両者を区別せず同じものとして取り扱う場合もあります。しかし、本書では、両者を次の通り区別しています。
・「コラボレーション」は、企業、研究機関、専門家などと相対で協働してイノベーションを起こす取組みです。対象は特定少数の機関となります。
・「オープン・イノベーション」は、不特定多数の相手と協働してイノベーションを起こす取組みです。対象は不特定多数の機関や個人（一般消費者）です。

---

(3) **第2段階のための具体的な手法**

第2段階では、「収集したシーズ情報」と「経営資源を展開した新しい姿・イメージ」をヒントにして、新製品・サービスのアイデアを開発します。

そのためには、「社内プロジェクト・チームの全員で創造力と知恵を振り絞る」ことになりますが、それをより効率的・体系的に実施するには、たとえば「ニーズ対応法」で紹介しました「マインド・マップ」や「ブレインストーミング」を活用すると便利です。

(4) **第1段階と第2段階の手法の整理**

これまでに紹介しました「シーズ展開法」の手法とそのツールとして併用をお勧めする発想技法を、次の表に整理します。

なお、第1段階の「シーズ情報の収集」には、発想技法は特に必要ではありません。しかし、それらの情報を分析する場合には、「マインド・マップ」や「ブレインストーミング」を活用すると便利です。また、「自社の経営資源を展開して新しい姿を思い描く」に当たっても、必要に応じて、これらの発想技法を併用されることをお勧めします。

【図表4-29】シーズ展開法の手法、発想技法、主な対象

課題	手法（発想技法）	製品	サービス	技術
第1段階 シーズ情報の収集	①経営者が持っているシーズ情報の収集	○	○	○
	②埋もれているシーズ情報の収集	○	○	○
第1段階 自社の経営資源を展開して新しい姿を思い描く	③欠点克服、理想実現、用途拡大	○	○	○
	④オズボーンのチェックリスト法	○	×	×
	⑤既存の製品・サービスのコンセプトと属性の変更	○	○	○
	⑥ポジショニング	○	○	○
	⑦製品のライフサイクル	○	○	○
	⑧コア技術戦略　（関連樹木法）	×	○	○
	⑨SWOT分析	○	○	○
	⑩製品のカテゴリー拡張、ライン拡張、アイテム拡張	○	×	○
	⑪マズローの欲求段階説（マインド・マップ）	○	○	○
	⑫社会の変化への適応（刺激語法）	○	○	○
	⑬オープン・イノベーション	○	○	○
	⑭コラボレーション	○	○	○
第2段階 シーズ情報と経営資源の新しい姿をヒントにして、アイデアを開発	○社内プロジェクト・チームの全員で創造力と知恵を振り絞る。 併用をお勧めする発想技法 ・マインド・マップ ・ブレインストーミング	○	○	○

（注）第1段階でも、必要に応じてマインド・マップとブレインストーミングを併用してみてください。

3．他社参考法

(1) 他社参考法の概要と留意点

　他社参考法とは、他社の優れた製品・サービスや技術などの経営資源に関する情報（以下、「他社情報」と呼びます）とそれを展開した姿やイメージをヒントにして、新製品・サービスのアイデアを開発する方法のことです。以下の①と②の二つの段階から構成されます。

　なお、このような方法は、一般的には「模倣」と呼ばれる場合が多いと思われます。しかし、本書では、他社の製品・サービスを参考にはしますが、それ

を単に丸写しするのではなく、付加価値を加えた新製品・サービスを開発する場合を想定していますので、模倣という用語は避けて「他社参考法」と名付けました。

> 他社参考法とは、「他社情報」と「他社の経営資源を展開した新しい姿やイメージ」をヒントにして、新製品・サービスのアイデアを開発する方法。

また、他社参考法の活用に当たっては、以下の点にご留意ください。

第一に、他社参考法の手法を活用できるのは、製品・サービスについては、他社とあなたの会社の間に大きな差異がある場合に限られます。両者の間に大きな違いがない場合には、「シーズ展開法」と「他社参考法」の各々の結果はほぼ同じとなるため、「シーズ展開法」での検討で十分です。

第二に、技術については、逆に相手の技術が異質すぎたりレベルがあまりに違いすぎても困ります。それらの場合には、あなたの会社にとって参考になりにくいからです。ただし、あなたの会社が異質な技術やより高度な技術に積極的に取り組んでいくという方針でしたら、もちろん構いません。

① **第1段階**

第1段階では、繰り返しになりますが、「他社情報を収集」すると共に、「他社の優れた製品・サービスや技術を展開した姿やイメージを思い描き」ます。つまり、まず「他社情報を収集」して、それを参考にします。しかし、それだけではつまりません。もう一捻りして、「他社の製品・サービスや技術をあなたの会社なりに展開して、新しい姿やイメージを思い描く」のです。それが、あなたの会社としての付加価値となります。具体的な手法については、(3)（→126頁）で後述します。

② **第2段階**

第2段階では、第1段階で得た「他社情報」と「他社の経営資源を展開した姿・イメージ」をヒントにして、新製品・サービスのアイデアを開発します。そのための具体的な手法については、(4)（→132頁）で後述します。

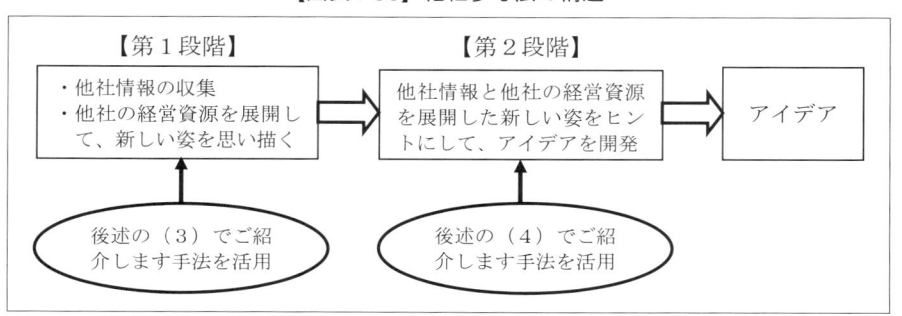

【図表4-30】他社参考法の構造

【第1段階】
・他社情報の収集
・他社の経営資源を展開して、新しい姿を思い描く
　↑
後述の（3）でご紹介します手法を活用

→

【第2段階】
他社情報と他社の経営資源を展開した新しい姿をヒントにして、アイデアを開発
　↑
後述の（4）でご紹介します手法を活用

→ アイデア

(2) 知的財産権

　新製品・サービスや新技術の開発は、特許権、実用新案権、意匠権（デザイン）、商標権などの知的財産権および不正競争防止法と密接に関係していますので、それに関する理解が不可欠です。

　ついては、他社参考法の各手法をご紹介する前に、それぞれの制度について概略した上で、それらの権利や法律を侵害した場合の「罰則」と新製品・サービスや新技術を開発する際の「留意点」について、説明しておきたいと思います。（なお、ＩＴを活用した新サービスについては、いわゆるビジネスモデル特許に留意する必要がありますが、それについては本書では触れません。）

① 知的財産権と不正競争防止法の概要

Ａ．知的財産権

　製品・サービスの開発に直接関連する主な知的財産権は、次の表の通りです。詳細は他の専門書に譲ります。

第4章 個人向けの新製品・サービスのアイデア開発法

【図表4-31】主な知的財産権の概要

	特許権	実用新案権	意匠権	商標権
	発明	考案	意匠（デザイン）	商標
保護対象	自然法則を利用した技術的なアイデアのうちの高度なもの	自然法則を利用した技術的なアイデアで、物品の形状、構造、または組合せに関するもの	物品の形状、模様、または色彩からなるデザイン	文字、図形、記号、立体的形状、または色彩からなるマークで、事業者が「商品」や「サービス」について使用するもの
登録の要否	要	要（無審査）	要	要
保護期間	出願から20年	出願から10年	登録から20年	登録から10年（更新可能）

（出典）「2009年度版 中小企業診断士スピードテキスト5 経営法務」 TAC中小企業診断士講座編 TAC出版 p.175

B．不正競争防止法

不正競争防止法は、事業者間の不正な競争を防止するための法律です。この法律では、製品については、特許権や意匠権などを取得していない製品を模倣から保護するため、他社の製品の形態を模倣した製品（デッドコピー）を勝手に提供することなどを禁止しています。詳細は省略します。

② 違反に対する罰則

A．特許権の侵害

知的財産権を侵害した場合には、民事上と刑事上のさまざまな罰則が科せられます。その内、特許権に関連する罰則は下表の通りです。

【図表4-32】特許権侵害に関する民事上の救済措置と刑事罰

民事上の救済措置	損害賠償請求権	特許権者は、特許権を侵害された場合、侵害者に対して損害賠償を請求することができる。
	差止請求権	特許権者は、特許権を侵害する者あるいは侵害するおそれのある者に対して、現在および将来における侵害行為の差止めを請求することができる。また、侵害品の廃棄や侵害品の製造設備の廃棄を求めることができる。
	信用回復	特許権者は、侵害者による粗悪品の販売などの侵害行為によって業務上の信用を害した場合には、新聞への謝罪広告の掲載など、業務上の信用を回復するのに必要な措置を請求することができ、裁判所はその旨を命じることができる。
	不当利益返還請求	特許権者は、侵害者が侵害行為によって不当に得た利益の返還を請求することができる。不当利得返還請求権の時効は10年であり、損害賠償請求権の時効（知ったときから3年）よりも原則長くなっている。
刑事上の罰則	侵害の罪	特許権を侵害した者は、刑事罰として10年以下の懲役または1,000万円以下の罰金に処せられる。また、その法人に対しては、3億円以下の罰金が科せられる。

（出典）『産業財産権標準テキスト（総合版）第4版』特許庁企画（独）工業所有権情報・研修館、発明推進協会制作（2012）p.169

B．不正競争防止法の違反

不正競争防止法に違反すると、たとえば下表のような民事上と刑事上の罰則が科せられます。

【図表4-33】不正競争防止法上の罰則

民事責任	販売差止め、損害賠償
刑事罰	10年以下の懲役、1000万円以下の罰金（併科あり） 5年以下の懲役、500万円以下の罰金（併科あり）
法人処罰	3億円以下の罰金

③ 開発上の留意点

A．他社の知的財産権の尊重

新製品や新技術を開発する場合には、他社の知的財産権を侵害したり不正競争防止法に違反したりしないように、くれぐれも注意する必要があります。特に他社の製品・サービスや技術を参考にする「他社参考法」を活用して開発する場合には、なお一層ご注意ください。

また、善意での侵害や違反にも気をつける必要があります。つまり、他社の製品や技術を真似たり参考にしないで新製品や新技術を開発したとして

第4章　個人向けの新製品・サービスのアイデア開発法

も、偶然に他社の特許などの権利を侵害する二重開発になる場合があるということです。その場合には、あなたの会社は善意ではありますが、上記のような罰則が適用される恐れがあります。投下した資金はすべて無駄になり、莫大な損害賠償を支払うことにもなりかねません。

　そのような事態を避けるには、新製品や新技術の開発に当たって弁理士事務所など外部の専門機関に相談することが第一です。その他、あくまでも簡便的なものですが、自社で先行技術や権利取得の状況について調査する方法もあります。その場合には、たとえば（独）工業所有権情報・研修館ホームページの「特許電子図書館」を利用すると便利です。ちなみに、権利者とライセンス契約を締結すれば、他社の知的財産権を利用することが可能になります。

【表4-34】（独）工業所有権情報・研修館ホームページの「特許電子図書館」

(出典)（独）工業所有権情報・研修館のホームページ。なお、2015年3月から新サービスが開始され、それに伴って、このホームページは変更される模様です。

125

第2部　個人向け新製品・サービスのアイデア開発

B．自社の知的財産の保全

あなたの会社が独創的な新製品や新技術を開発した場合には、他社に模倣されたりしないように知的財産として登記するのがオーソドックスな方法です。

知的財産権を取得するには費用もかかりますし、情報が公開され競合他社に筒抜けになるというリスクがありますので、敢えて知的財産権を取得しないという選択肢も考えられます。しかし、その場合には、言うまでもありませんが、他社があなたの会社の製品や技術を模倣したり、自社で開発した知的財産として登記する危険性は排除できません。

(3) 第1段階のための具体的な手法

第1段階で活用する手法は、以下の通りです。その内、①は「他社情報の収集」、②と③は「他社の製品・サービスや技術などを展開した姿・イメージを思い描く」ための手法です。

① 他社情報の情報源、対象企業、視点

以下、他社情報の主な情報源（収集先）、対象企業、および情報収集の視点についてご紹介します。

A．他社情報の主な情報源

ａ．マスメディア

新聞（日本経済新聞などの経済紙、業界紙、一般紙）、テレビ、ビジネス誌などのマスメディアから、他社の新製品・サービスや新技術に関する情報を日々得ることができます。

ｂ．インターネット

インターネットは活きた他社情報の宝庫です。

個々の会社については、各社のホームページから製品・サービスや技術に関するさまざまな情報を簡単に入手することができます。さらに、上場している企業であれば、決算短信、有価証券報告書、ニュースリリース、ＩＲ説明会資料といった開示情報からも、製品・サービスや技術の開発戦略を含めて貴重な情報を得ることも可能です。

また、国内外の製品・サービスや技術に関する全般的な情報に、いつで

第4章　個人向けの新製品・サービスのアイデア開発法

もアクセスが可能です。たとえば科学技術振興機構（JST）のホームページでは、同機構が保有するデータベースにアクセスして、さまざまな情報を入手することができます。

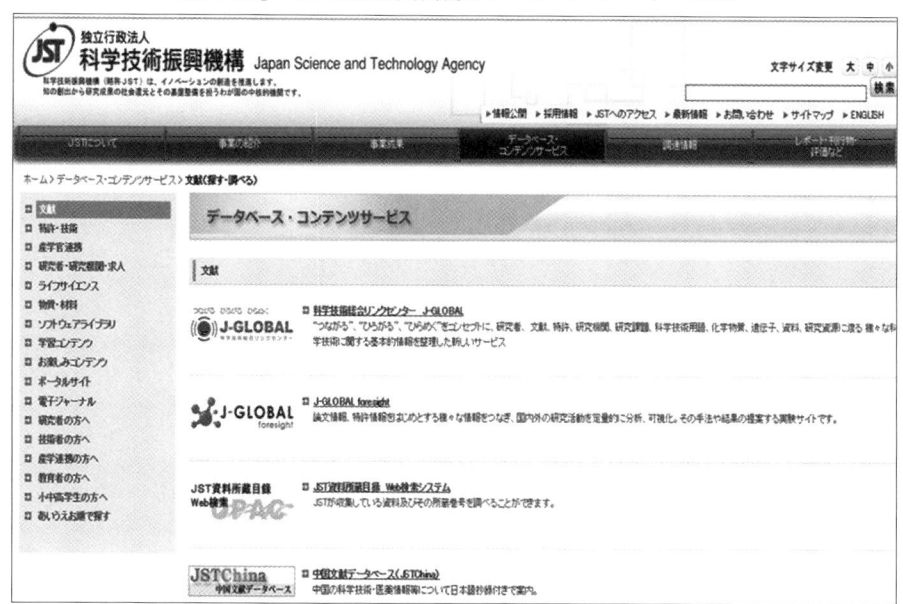

【表4-35】科学技術振興機構のデータベース・サービス

（出典）同機構のホームページ

c．知的財産権に関する公開情報

　知的財産権に関するさまざまな公報が発行されています。たとえば特許については、出願状況に関する「公開特許公報」や特許が認められた案件に関する「特許公報」があります。それらの公報を通じて、他社が出願した案件、出願が認められた案件、出願が拒絶された案件などを知ることができます。

　それらの情報を得るには、あなたの会社の近くの弁理士事務所に依頼する方法や、前出の「特許電子図書館」を訪れて、自分で取りあえず調べるという方法があります。

d．展覧会や視察

　国内外の展覧会、展示会、見本市、新製品発表会などで、最新の製品・サービスや技術の動向について知ることができるでしょう。また、国内外の企業、団体、研究機関などへの視察旅行で、斬新なアイデアや面白いアイデアに触れることができるかもしれません。

e．研究機関、研究者、専門家

　さまざまな研究機関や研究者が、製品・サービスや技術に関する調査結果や論文を日々発表しています。また、さまざまな分野の専門家から、各業界の製品・サービスや技術の動向などについてヒアリングすることも可能です。

f．製品の現物

　廉価な製品であれば、現物を購入し実際に使ってみて、機能や性能について調べてみてはいかがでしょうか。また、可能であれば、それをばらばらに分解して内部構造、部品、技術、サプライヤーなどを徹底的に調べることも一考です。

　この方式は「リバースエンジニアリング」とか「デアダウン」と呼ばれ、さまざまな業界で普通に行われているようです。ただし、あなたの会社でそれを行うに当っては、他社の知的財産権を侵害しないようくれぐれもご留意ください。

B．他社情報の対象企業と視点

　他社情報を集める対象は、国内の同業他社ばかりではありません。国内の異業種他社および国外の同業他社や異業種他社も、可能な限り対象とします。

　他社情報として収集すべき情報は、下表に記載したような情報です。過去・現在・未来にわたって、新製品・サービスや技術の研究開発への取組みと成功・失敗の理由、製品・サービスの種類、コンセプト、属性、長所・短所などの視点から、幅広い情報を集めます。

　その狙いは、もちろん第一義的には、あなたの会社にとっての「攻めの武器」となる新製品・サービスを開発することにあります。また、それに加えて、国内外の競合企業が開発する新製品・サービスに対する「守りの武器」を前広に開発したり、対抗策を事前に策定するという狙いもあります。

第4章　個人向けの新製品・サービスのアイデア開発法

【図表4-36】他社情報の対象と主な視点

対象	過去	現在	未来
○国内外の同業他社 ○国内外の異業種他社	○研究開発 　・新製品・サービスや新技術の研究開発の課題と取組み状況 　・上記の成功と失敗の理由 ○新製品・サービス 　・種類、コンセプト、属性、長所・短所 　・成功と失敗の理由		

② 「シーズ展開法」と同じ六つの手法

　前述の「シーズ展開法」の第1段階では、14の手法をご紹介しました。他社の製品・サービスとあなたの会社の製品・サービスの間に大きな差異がある場合には、その中の以下の六つの手法を「他社参考法」の第1段階でも活用することができます。（繰り返しますが、両者の間に大きな違いがある場合です。大きな違いがない場合には、これらの手法を「他社参考法」で活用しても仕方ありません。両者が似ていると、「シーズ展開法」と「他社参考法」ともにほぼ同じ結果となるため、「シーズ展開法」だけでの検討で十分です。）

　それ以外の八つの手法は、競合他社の製品・サービスや技術についての詳細な情報を入手することが必要などの理由から、活用は難しいと思われます。それらの手法を除外した個々の理由については、下表をご覧ください。

【図表4-37】他社参考法で活用できないシーズ展開法の手法

手法名	他社参考法で活用できない理由
① 経営者からシーズ情報を収集	・他社の経営者からはシーズ情報を収集しにくい。
② 埋もれているシーズ情報を収集	・他社の埋もれているシーズ情報が得にくい。
⑨ ＳＷＯＴ分析	・シーズ展開法での自社にかかわる分析で十分。
⑩ カテゴリー他の拡張	
⑪ マズローの欲求段階説	
⑫ 社会の変化への適応	
⑬ オープン・イノベーション	・自社はその当事者にはなれないので、意味がない。
⑭ コラボレーション	

（注）手法名の番号は、シーズ展開法での番号

Ａ．欠点克服、理想実現、用途の拡大

　他社の製品・サービスについて、その欠点を直したり、理想を追求したり、用途を拡大したりすることによって、新しい製品・サービスの姿やイメージを思い描きます。詳細については「シーズ展開法」の説明をご参照ください。

Ｂ．オズボーンのチェックリスト

　オズボーンのチェックリストを活用して、さまざまな視点から他社の製品・サービスを見つめ直して、その新しい姿やイメージを創りだします。詳細については「シーズ展開法」の説明をご参照ください。

Ｃ．既存の製品・サービスのコンセプトと属性の変更

　まず、入手可能な情報に基づいて、他社の製品・サービスのコンセプトや属性を詳しく分析します。そして、次に、それらのコンセプトや属性を変更してみることによって、新しい製品・サービスの姿を思い描きます。詳細については「シーズ展開法」の説明をご参照ください。

Ｄ．ポジショニング

　「シーズ展開法」で自社の製品・サービスのポジショニングについて触れましたが、その説明の中で、「他社との競合も視野に入れる必要があるので、自社と他社の製品・サービスを並べてポジショニングすることになる」と述べました。ここでは、その手順についてご説明します。以下の具体例では、製品は「男性用ワイシャツ」、評価軸は「品質」と「カラー」という前提にします。

ａ．自社製品と競合製品のポジションのプロット

　まず、自社のワイシャツと（他社情報から把握した）他社のワイシャツの各々のポジションを、キーとなる二つの評価軸に沿ってポジショニング・マップにプロットします。次の図がその結果です。

第4章　個人向けの新製品・サービスのアイデア開発法

【図表4-38】男性用ワイシャツのポジショニング・マップ
（◎は自社、A〜Gのアルファベットは他社）

	ピンク系	青系	紺色	白
高品質	A、B、C	D、E	F、G	◎、E
中品質	A、B	D、E	F、G	◎、E
普及品	A、B			◎、E

b．現状の把握

　次に、ポジショニング・マップから現状を把握します。前の図からは次のような点が明らかになります。

　第一に、高品質と中品質のワイシャツについては、競合他社がすべてのカラーを提供している。

　第二に、普及品については、青系と紺色はどの会社も取り扱っていない。

c．当社の新製品のアイデア

　そして、上記で明らかになった現状に基づいて、当社としてどのような製品を開発するかを検討します。

　具体例では、どの競合他社も青系、紺色の普及品を取り扱っていないので、これらのワイシャツが新製品の新しいイメージとして考えられます。

　なお、上記以外のイメージを得たい場合には、別の評価軸を設定して同じ手順を繰り返します。

E．**製品のライフサイクル**

　他社の製品のライフサイクルを分析し、その次世代や次々世代の将来形を推測することによって、新しい製品の姿・イメージを思い描くものです。詳細については「シーズ展開法」をご覧ください。

F．**コア技術戦略**

　他社の立場にたって現在のコアの技術やサービス・スキル（技能）を今後

どのように発展させていくか、思い描きます。ただし、これは、他社のコア技術やコア・スキルについて詳しく分かっていること、および、あなたの会社にそれを活かす能力があることが、前提となります。そうでなければ、この手法は意味がありません。コア技術戦略とその応用の仕方については、「シーズ展開法」の説明をご覧ください。

③ **異業種参考法**

これは、異業種の製品・サービスや技術を自社の新製品・サービスや新技術として取り入れられないか、検討する手法です。同業他社の場合とは異なり、異業種他社を参考にして思い浮かべたそれらの姿やイメージは、とても斬新なものになる可能性があります。（なお、これとは逆の「自社の製品を異業種で応用」する場合については、シーズ展開法の「製品のカテゴリー拡張」として説明済です。）

ちなみに、それに当たっては、たとえば「クロス・マーチャンダイジング」という手法をツールとして利用する手があります。

A．**クロス・マーチャンダイジングの概要**

これは、小売業で利用されている手法で、製品カテゴリーに関係なく、同じ場面で使う製品を販売したり陳列したりする手法です。たとえば、キャンプで使う調理器具、道具、寝具などを同じ場所に陳列したり、花火大会用の浴衣、うちわ、草履などを並べて展示する例が、それに当たります。

B．**クロス・マーチャンダイジングの応用法**

この手法を応用して、あなたの会社の新製品の姿やイメージを思い浮かべます。その手順は以下の通りです。

まず、あなたの会社の製品が利用される場面で見られる他の製品を列挙します。

次に、それらの製品の中にあなたの会社の新製品や新技術として取り入れられそうなものはないか、検討します。もしあれば、その製品や技術をあなたの会社で取り入れた場合の姿やイメージを思い浮かべるのです。

(4) **第2段階のための具体的な手法**

第2段階では、第1段階で得た「他社情報」と「他社の経営資源を展開した

第4章　個人向けの新製品・サービスのアイデア開発法

姿・イメージ」をヒントにして、新製品・サービスのアイデアを開発します。

その方法としては、他のアイデア開発法と同様に、「社内プロジェクト・チームの全員で創造力と知恵を振り絞って発想する」ことになります。

なお、発想をより効率的・体系的に遂行するには、「ニーズ対応法」でご紹介しました「マインド・マップ」や「ブレインストーミング」を活用すると便利です。

(5) 第1段階と第2段階の手法の整理

これまでに紹介しました「他社参考法」の手法とそのツールとして併用をお勧めする発想技法を、下表に整理します。

なお、第1段階の「他社情報の収集」には、発想技法は特に必要ではありません。しかし、それらの情報を分析する場合には、「マインド・マップ」や「ブレインストーミング」を活用すると便利です。また、各々の手法を活用して「他社の経営資源を展開して新しい姿を思い描く」に当たっても、必要に応じて、これらの発想技法を併用されることをお勧めします。

【図表4-39】他社参考法の手法、発想技法、主な対象

段階	課題	手法（発想技法）	製品	サービス	技術
第1段階	他社情報の収集	①マスメディア、インターネット、知的財産権の公開情報、展覧会・視察、研究機関・専門家、製品の現物などから情報収集	○	○	○
	他社の経営資源を展開した新しい姿の思い描き	②欠点克服、理想実現、用途拡大	○	○	○
		③オズボーンのチェックリスト	○	×	×
		④既存の製品・サービスのコンセプトと属性の変更	○	○	○
		⑤製品のライフサイクル	○	○	○
		⑥コア技術戦略（関連樹木法）	×	○	○
		⑦ポジショニング	○	○	○
		⑧異業種参考法（クロス・マーチャンダイジング）	○	○	○
第2段階	他社情報と他社の経営資源の新しい姿をヒントにして、アイデアを開発	○社内プロジェクト・チームの全員で創造力と知恵を振り絞る。 〔併用をお勧めする発想技法〕 ・マインド・マップ ・ブレインストーミング	○	○	○

（注）第1段階でも、必要に応じてマインド・マップとブレインストーミングを併用してみてください。

4. 情勢分析法

(1) 情勢分析法の概要

　情勢分析法とは、外部環境の変化に伴う顧客ニーズの変化をヒントにして、新製品・サービスのアイデアを開発する方法です。以下の二つの段階から構成されます。

> 情勢分析法とは、外部環境の変化に伴う顧客ニーズの変化をヒントにして、新製品・サービスのアイデアを開発する方法。

① **第1段階**

　第1段階は、まず「①外部環境の変化を予想」し、次に「②それに伴って生じる顧客ニーズの変化を予想」するという、二段構えになります。外部環境が変化しますと、それに伴って顧客ニーズが変化したり新しい顧客ニーズが生まれたりしますので、それを予想するのです。そのための具体的な手法については、次の(2)でご紹介します。

② **第2段階**

　第2段階では、第1段階で予想した新しい顧客ニーズをヒントにして、新製品・サービスのアイデアを開発します。そのための具体的な手法については、(3)（→139頁）で後述します。

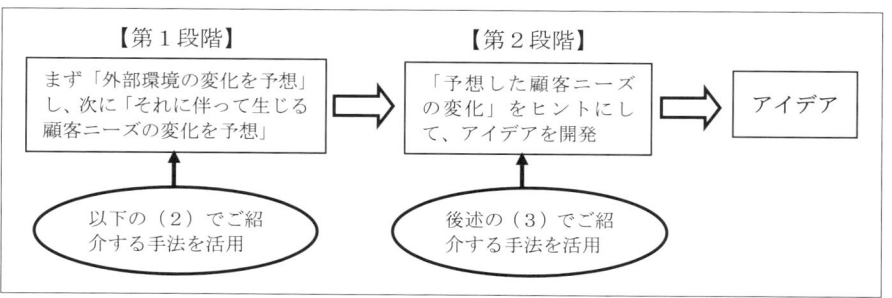

【図表4-40】情勢分析法の構造

【第1段階】	【第2段階】	
まず「外部環境の変化を予想」し、次に「それに伴って生じる顧客ニーズの変化を予想」	「予想した顧客ニーズの変化」をヒントにして、アイデアを開発	アイデア
以下の（2）でご紹介する手法を活用	後述の（3）でご紹介する手法を活用	

③ 他のアイデア開発法との相違

情勢分析法とこれまでに紹介しました三つのアイデア開発法には、次のような相違があります。

A．顧客ニーズの違い

まず、ニーズ対応法と情勢分析法では、対象とする顧客ニーズの時間軸が異なります。すなわち、ニーズ対応法では、「今の時点で存在している顧客ニーズ」が基本となりますが、情勢分析法では、「環境変化に伴って生まれる将来の顧客ニーズ」が対象となります。そのため、ニーズ対応法では、顧客ニーズを収集し、発見し、掘り起こしますが、情勢分析法では、顧客ニーズを予想します。

B．発想の自由度の違い

次に、ニーズ対応法は「顧客ニーズ」、シーズ展開法は「自社の経営資源」、他社参考法は「他社情報」が、それぞれの発想の起点となります。そのため、これらのアイデア開発法では、それらの起点が基本的な枠組みとなって自由な発想が妨げられるという側面があります。

一方、情勢分析法では、「外部環境の変化」が発想の起点となりますので、他のアイデア発想法とは異なり、固定した枠組みに縛られない自由な発想が可能です。これが、情勢分析法の長所であり、それを活用する意義です。（ただし、神様にしか分からない未来を予想する訳ですから、結果的に予想がはずれるというリスクがあります。）

(2) 第1段階のための具体的な手法

第1段階のための具体的な手法は、以下の通りです。

① 外部環境の変化への適応

これは、外部環境を表すキーワードを活用して、顧客ニーズの変化を予測する手法です。そのツールとして、シーズ展開法で紹介しました「刺激語法」と呼ばれる発想技法を応用します。

ちなみに、外部環境の変化を表すキーワードとしては、（シーズ展開法で紹介済の）次の表のような例が考えられます。ご参考にしてください。

【図表4-41】外部環境の変化を表すキーワードの例

- A．災害・地震対策、リスクへの備え、セキュリティ、東日本大震災復興
- B．人口の高齢化、単身・独居世帯、長寿化、若さ・体力の維持、富裕シルバー層、高齢者の生きがい、人や社会との関わり、孤独死・ネット見守り、家事代行
- C．人口の減少、過疎化、限界集落、空家の増加、地方創生
- D．少子化、晩婚化、女性の社会進出、子育て・保育、主婦と主夫、家事代行
- E．趣味、娯楽・レジャー、ガーデニング、ＤＩＹ、常設イベント・定期開催イベント、楽しみ、慰め、精神的充足、自己実現、個性発揮・他人との差別化、お一人様
- F．女性の美容、健康、シェイプアップ、ファッション
- F．クラウドコンピューティング、ビッグデータ、ソーシャルネットワーク、ユビキタス（だれでも、どこでも、いつでも）、モバイル、電子化、在宅勤務
- G．環境問題、循環型社会、３Ｒ（リデュース、リユース、リサイクル）、エコ、省スペース、省エネ、節電、環境にやさしい、ゴミの資源化、スマート・グリッド＆メーター
- H．ＴＰＰ、農業強化、農作物輸出、Ｂ級グルメ、地産地消
- I．医療、再生医療（ｉＰＳ細胞、ＥＳ細胞）、老人医療・介護
- J．機械化、ロボット・自動化、３Ｄプリンティング
- K．アウトソーシング、クラウドソーシング、クラウドファンディング
- L．東京オリンピック、外国人観光客、おもてなし
- M．社会インフラ（高速道路、一般道路、架橋、上下水道管、ガス管）のリフォーム、鉄道高架化、光ファイバー設置
- O．その他－「手作り感・個性化・プロ仕様・プロ級」、「リサイズ・小分け」、「操作の簡略化・ユニバーサルデザイン」、「伝統・古来・古風・格式」、「時間の節約・充足」、「旬・季節感」、「ちょい高・ちょい悪」、「出前・出張サービス」

A．外部環境の変化の予想

まず、外部環境の変化を予想します。

具体的には、最初に、対象とする市場セグメントを決めます。市場セグメントの例としては、第２章で説明しましたが、たとえば「人口統計的基準」に基づく「年齢、世代、性別、家族数、家族ライフサイクル、所得、職業、学歴など」が考えられます。市場セグメントを事前に決めておかないと、対象が広くなりすぎて、予想が拡散し収拾がつかなくなる恐れがあります。

次に、（シーズ展開法の場合と同じく、）上表に記載されたような外部環境の変化を表すキーワードを可能な限り書きだして、そのすべてを一枚ずつカード化します。なお、その際、あなたの会社と直接には関係しそうにはないと思われるキーワードも、書きだすことが重要です。そこから、思いがけ

ないアイデアが出てくることがあります。逆に、直接に関係しそうなキーワードだけだと、奇抜な発想にはつながりにくくなります。

　そして、カードを一枚ずつ引いて、そこに示された外部環境が今後どのように変化していくか予想していきます。(ちなみに、発想が複雑になりますが、二枚あるいは三枚のカードを組み合わせて、共通する環境変化を予想するという方法もあります。一枚のカードでの発想が一段落したら、試してみてください。)

B．顧客ニーズの変化を予想

　外部環境の変化を予想できましたら、次に、それに伴って生じる顧客ニーズの変化を予想します。

　具体的には、まず、上記で予想したそれぞれの外部環境の変化ごとに顧客ニーズがどのように変化していくか、予想します。そして、それらの予想の中から面白い予想を選び出します。

　なお、出てきた予想の中には、現在のあなたの会社と関係がない分野の予想も交じっていると思われます。それらの予想については、関係がないとあっさり切り捨てるのではなく、注意深く取捨選択してください。今は関係がなくても、あなたの会社が将来それらの分野へ展開する可能性があるかもしれません。

② ドラッカーのイノベーションの七つの機会

A．イノベーションの七つの機会とは

　ピーター・ドラッカー氏によれば、産業、市場、人口などの構造変化が起きた場合には、その理由や原因の中に（新製品・サービス開発を含む）イノベーションの機会が隠されています。そして、それらの具体的なケースとして、以下の七つの事例を挙げています。詳しくは『イノベーションと企業家精神』（小林宏治監訳／上田惇生・佐々木実智男訳、ダイヤモンド社、1985年）をご参照ください。

　ａ．予期せざるもの

　　自社や競合他社に予期せざる成功、失敗、事象が起きた時、および、予期せざる外部の変化が起きた時。

b．調和せざるもの

あるべき姿と現実の姿の間に乖離（ギャップ）、不一致、断層が存在する時。

c．プロセス・ニーズ

企業、産業、サービスのプロセスの中にイノベーションの源泉としてのニーズがある時。

d．産業と市場の構造変化

産業が急速に成長する時。産業が急速に成長し、遅くとも規模が２倍になる頃までには、それまでの市場のとらえ方や市場への対応の仕方が不適切になり、まったく無関係の技術が合体したり仕事のスタイルが変化。

e．人口構成の変化

総人口、年齢構成、性別構成、雇用状況、教育水準、所得階層などの変化が起きる時。特に年齢構成の変化が重要。

f．認識の変化

ものの見方、感じ方、健康意識、食習慣が変化する時。

g．新しい知識

新しい科学的な知識が得られた時。ただし、新知識が出現してから、技術として応用されるまでには長い年月が必要で、製品として市場で花開くには、さらに長い時間が必要。また、七つの機会の中では、このケースがもっともリスクが大きく、成功する確率はもっとも低い。

【図表4-42】イノベーションの七つの機会

a．予期せざるもの
b．調和せざるもの
c．プロセス・ニーズ
d．産業と市場の構造変化
e．人口構成の変化
f．認識の変化
g．新しい知識

（出典）『イノベーションと企業家精神』小林宏治 監訳／上田惇生・佐々木実智男 訳、ダイヤモンド社（1985）pp.42-222

B．イノベーションの七つの機会の活用

それらの機会を発見し活用することによって、顧客ニーズの変化を予想し

ます。その手順は以下の通りです。

a．七つの機会の発見

まず、上記の七つの機会ごとに、あなたの会社の周りでドラッカー氏が指摘するような事象が起きていないか、徹底的に検討します。

b．顧客ニーズの変化の検証と予想

次に、そのような事象が見つかったら、それらの理由や原因を詳しく分析して、顧客ニーズが既に変化していないか検証します。併せて、顧客ニーズが今後どのように変化する可能性があるか予想します。

(3) **第2段階のための具体的な手法**

第2段階では、「第1段階で予想した新しい顧客ニーズをヒントにして、新製品・サービスのアイデアを開発」します。

その方法は、「社内プロジェクト・チームの全員で創造力と知恵を振り絞る」ことに尽きますが、それをより効率的・体系的に実施する上で、「ニーズ対応法」のところでご紹介しました「マインド・マップ」や「ブレインストーミング」をツールとして活用すると便利です。

(4) **第1段階と第2段階の手法の整理**

これまでに紹介しました「情勢分析法」の手法とそのツールとして併用をお勧めする発想技法を、下表に整理します。

【図表4-43】情勢分析法の手法、発想技法、主な対象

	課 題	手 法 （発想技法）	主 な 対 象		
			製品	サービス	技術
第1段階	まず「外部環境の変化を予想」し、次に「それに伴って生じる顧客ニーズの変化を予想」	①外部環境変化への適応（刺激語法）	○	○	○
		②ドラッカーのイノベーションの七つの機会	○	○	○
第2段階	予想した顧客ニーズの変化をヒントにして、アイデアを開発	○社内プロジェクト・チームの全員で創造力と知恵を振り絞る。 （併用をお勧めする発想技法） ・マインド・マップ ・ブレインストーミング	○	○	○

(注) 第1段階でも、必要に応じてマインド・マップとブレインストーミングを併用してみてください。

第5章 アイデアの選定とコンセプトの開発

　本章では、前章のアイデア開発法を利用して開発したアイデアの中から「優れたアイデアを選定」し、それを「コンセプトとして決定」するまでのプロセスについて、順を追ってご紹介します。

> 1．アイデアの検証と選定（アイデア・スクリーニング）
> 2．コンセプト・シートの作成
> 3．コンセプト・テストとコンセプトの決定

1．アイデアの検証と選定（アイデア・スクリーニング）

　前章で紹介しました手法を活用すると、個人向けの新製品・サービスのアイデアがたくさん出てくると思います。それらのアイデアは玉石混交となっているので、社内のアイデア評価委員会などでフィルター（選定基準）にかけて取捨選択する必要があります。

　以下、次の図に沿って、フィルターについて概要を見た上で、それぞれのアイデア開発法ごとにどのようにアイデアを選定するかをご説明します。

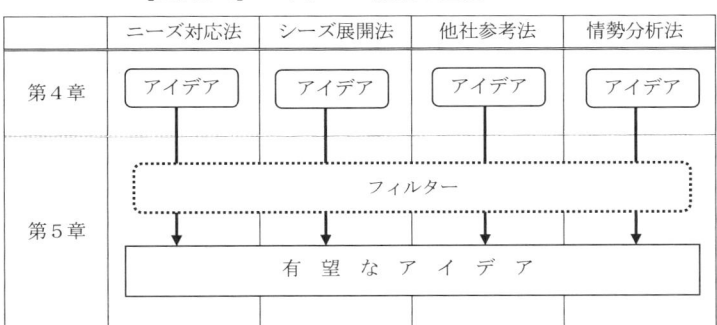

【図表5-1】アイデアの検証と選定のフロー

	ニーズ対応法	シーズ展開法	他社参考法	情勢分析法
第4章	アイデア	アイデア	アイデア	アイデア
第5章	フィルター			
	有望なアイデア			

第2部　個人向け新製品・サービスのアイデア開発

(1) アイデア選定のフィルター

アイデアを選定するフィルターとしては、「経営理念、事業領域、社会公共性」、「顧客ニーズ」、「実現可能性」、「差別化」、「採算性」の五つが考えられます。

① 経営理念、事業領域、社会公共性

A．経営理念

　アイデアを具現化した新製品・サービスが、会社の憲法とも言える経営理念に沿っていることは当然です。そうでない場合には、原則として没（ボツ）にします。

B．事業領域

　アイデアが現在の事業領域の範囲内かどうか明らかにします。ただし、現在の事業では範囲外だとしても、今後事業領域を広げるという選択肢もあるので、直ちに没という訳ではありません。今後の事業展開を勘案して判断しましょう。

【参考情報】事業領域（事業ドメイン）

　事業領域とは、読んで字のごとく事業の基本的な領域のことです。一般的に、①ターゲットとする顧客・市場（WHO）、②提供する顧客価値（WHAT）、③それを実現する事業システムや技術など（HOW）、によって定義されます。

　多くの読者の方々が、この定義を見て、第3章で前述しました製品・サービスのコンセプトの定義と（TPOが含まれないだけで）大差ないことに気付かれたことと思います。しかし、製品・サービスはそもそも事業領域に基づいて開発・販売するものなので、両者の間に大差がなくてもなんら不思議ではありません。むしろ両者が大きく異なるほうが問題です。

　なお、事業領域をあまりに狭い範囲で定義したり、あまりに細かく定義しすぎると、会社の将来の成長やせっかくのビジネス・チャンスを逃す危険性もありますので、ご注意ください。また、事業領域は、長期にわたって固定的に維持すべきものではなく、外部環境と内部環境の変化に応じて、柔軟に、しかし慎重に修正する必要があります。

C．社会公共性

　アイデアを具現化した新製品・サービスの社会的な意義について、社会の健全な発展に寄与するか、法律や公序良俗に反しないかといった観点から、チェックします。

② 顧客ニーズ

言うまでもありませんが、「顕在ニーズ」か「潜在ニーズ」のどちらかを満たすことが、新製品・サービスのアイデアにとっての必須の条件です。

「顕在ニーズ」については、「ニーズ対応法」で発見した顧客ニーズと照らし合わせてチェックしてください。アイデアが「顕在ニーズ」のどれかを満たしていれば、合格です。

「潜在ニーズ」を満たすかどうかは、後述（→149頁）の「コンセプト・テスト」、あるいは、遅くとも新製品・サービスを発売するまでは判断できませんので、この段階では合否の判断は保留とします。つまり、「顕在ニーズ」にヒットしないアイデアでも、「潜在ニーズ」を満たす可能性はあるので、この段階では不合格にはならないということです。

③ 実現可能性

どんなに面白いアイデアでも、実際の製品・サービスとして実現できなければ仕方ありません。そのためには、アイデアは以下の条件を満たす必要があります。

A．技術、スキル

自社の現有の技術やスキルで、アイデアを新製品・サービスとして設計し開発できることが必要です。ただし、現在の能力では開発が困難な場合には、将来の技術開発やスキル開発の目途がたつかどうかがポイントとなります。（ちなみに、技術については、将来的にも自前での開発が困難な場合には、他社や研究機関などから特許などの使用許諾を受けることも一考です。）

B．生産能力、運営能力

自社の現有の設備や人的能力で生産やサービスの提供が可能かどうか、チェックします。

現在の設備や人的能力では生産が困難な場合には、今後の設備投資や人材開発で対応できるかどうかで判断します。膨大な設備投資や人的投資が必要であれば、問題です。（ちなみに、自社ですべてを生産したり提供するのではなく、他社へ一部を生産委託したり運営委託するアウトソーシングという方法もあります。）

④ **差別化**

　他社との競合が予想される場合、差別化できない新製品・サービスは失敗することが目に見えています。

　したがって、新製品・サービスのアイデアには、第2章で述べました「コンセプト」あるいは「属性」のいずれかでの差別化が必須です。

⑤ **採算性**

　どんなに素晴らしい製品・サービスでも、そもそも採算がとれなければ話になりません。それには、たとえば次のような手順で、採算性についておおまかに分析することが必要です。

　なお、正確なシミュレーションはなかなか難しいので、この段階では、厳密性にあまりこだわる必要はありません。より厳密なシミュレーションは、本書の範囲外ですが、「具体化段階」の「事業・採算性分析」で行うことになります。ただし、楽観的な予想は避け、できるだけ保守的、控えめな予想にしてください。

A．市場規模の予測

　まず、アイデアを具体化した場合、市場としてどの程度の規模が予想されるか、たとえば以下のような式を利用して積算します。

市場規模（年間）＝ターゲットとするセグメント市場の人数×予想利用率×予想単価
　［参考］・市場の人数：統計資料から抽出。
　　　　　・予想利用率：類似製品の毎月、毎週、毎日の利用回数から推測。
　　　　　・予想単価：類似製品の単価を参考に設定。（市場初の新規開発の場合は、初期高価格政策やコストプラス法などにより設定。）

B．売上高と利益の予測

　次に、売上高と利益（営業利益）についても、たとえば以下のような考え方でおおまかにシミュレートします。その際、当然ながら、開発コスト、開発期間などの予測も必要です。

> ・売上高（年間）＝市場規模×当社の予想市場占有率
> ・営業利益＝発売後５年間の売上高の現在価値－それまでの開発コストを含めた費用合計（売上原価と販管費）の現在価値
> ［参考］・予想市場占有率：自社の類似製品の市場シェアを参考に設定。
> 　　　　・現在価値の割引率：平均借入利子率や国債利回りなどを参考に設定。

(2) アイデアの選定と考え方

次に、前述しました五つのフィルターを通してアイデアを選定します。その場合の考え方について、以下、アイデア開発法ごとにご説明します

① ニーズ対応法

この方法で開発されたアイデアは、開発の過程で「顕在ニーズ」については一応確認済です。したがって、「顧客ニーズ」以外のフィルターを通します。

② シーズ展開法

シーズ展開法で開発したアイデアは、「実現可能性」については一応チェックしていますので、それ以外のフィルターを通します。

③ 他社参考法

この場合、開発の過程でどの項目についても検討していないので、すべてのフィルターを通します。

【図表5-2】アイデア開発法ごとのフィルター

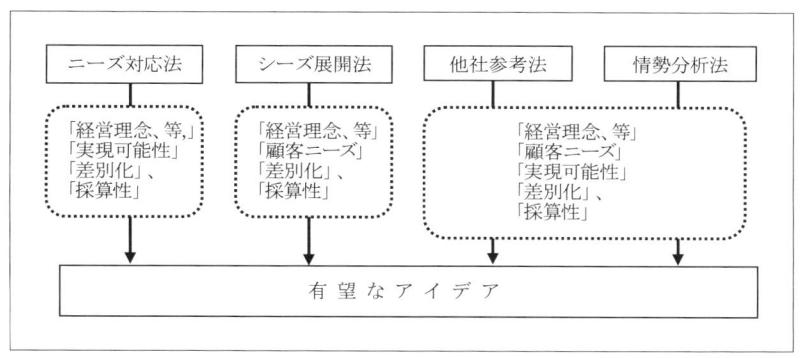

ニーズ対応法	シーズ展開法	他社参考法	情勢分析法
「経営理念、等,」「実現可能性」「差別化」、「採算性」	「経営理念、等」「顧客ニーズ」「差別化」、「採算性」	「経営理念、等」「顧客ニーズ」「実現可能性」「差別化」、「採算性」	

↓

有望なアイデア

145

④ 情勢分析法

情勢分析法で開発したアイデアは、発想の過程で「潜在ニーズ」については一応検討していますが、「顕在ニーズ」の面からのチェックが必要です。したがって、すべてのフィルターを通します。

ちなみに、評価する際の評価シートとしては、以下のような表が考えられます。四つのアイデア開発法に共通して使用できますので、ご参考にしてください。

【図表5-3】アイデアの評価シートの例

[アイデア]	
[アイデア開発法]	□ ニーズ対応法　□ シーズ展開法　□ 他社参考法　□ 情勢分析法

経営理念、等	経営理念	□ 適合　□ 不適合
	事業領域	□ 適合 □ 不適合　→　将来、□ 適合、□ 不適合
	社会公共性	□ 問題なし　□ 問題あり
顧客ニーズ		□ 顕在ニーズ　□ 合致、□ 不一致 （注）潜在ニーズについては　判断保留
実現可能性	技術面 スキル面	□ 可能 □ 困難　→　将来、□ 可能、□ 困難
	生産面	□ 可能 □ 困難　→　将来、□ 可能、□ 困難
差別化		□ 競合なし □ 競合あり　→　差別化 　　　　　　　　□ コンセプトでの差別化 　　　　　　　　□ 属性での差別化 差別化の内容：＿＿＿＿＿＿＿＿＿＿
採算性	市場規模	予想市場規模（年間）＿＿＿＿百万円
	採算性	□ あり　□ なし ・予想売上高（年間）＿＿＿＿百万円 ・予想営業利益（○年間）＿＿＿＿百万円

(3) 不合格のアイデアの取扱い

上記のフィルターを通過できたアイデアは、次の段階へ進みます。一方、何らかの問題からフィルターを通過できないアイデアについては、以下のように取り扱います。

修正によって問題の解決が可能なアイデアは、修正して次の段階へ進ませます。

そうではない場合には、せっかく知恵を絞って一生懸命に考え出したアイデアでもあり、完全に廃棄するかどうか迷うところです。不合格となった理由にもよりますが、将来その理由を解消できる状況がくるかもしれません。そのような可能性が少しでもあると思われるアイデアについては、当面は記録として残しておき、何年かあとで検証し直すようにしてはいかがでしょうか。

(4) **アイデア選定上の留意点**

アイデア選定の狙いは、見込みのないアイデアをふるい落として、見込みのあるアイデアに絞り込むことにあります。生き残ったアイデアは、今後多くのコストと時間と手間をかけて新製品・サービスとして具体化していきますので、見込みのないアイデアは早い段階で除外してしまいます。

一方で、有望なアイデアを除外してしまうミスを「ドロップエラー」、有望ではないアイデアを選定してしまうミスを「ゴーエラー」と呼びます。「ドロップエラー」は、選定が厳しすぎる場合に発生し、「ゴーエラー」は、逆の場合に発生します。したがって、選定があまり厳しくなり過ぎないように、またあまりゆるくなり過ぎないように気をつけましょう。

2．コンセプト・シートの作成

上記に沿って有望なアイデアの選定が終わりましたら、次に、それらのアイデアをコンセプト・シートに整理します。既存の製品・サービスを一部改良するアイデアについても、コンセプトが大きく変わっている訳ではありませんが、コンセプトを再確認するという意味で同シートに整理しましょう。

コンセプト・シートの様式は特に決まっていません。したがって、自由に作成してもよいのですが、以下の項目だけは漏れないようにご注意ください。

(1) **コンセプト**

コンセプトの四つの要素、すなわち「だれに」、「どんな場面で」、「どんな方法で」、「どんな価値を」について記入します。

(2) 図形と実施手順

製品については、必要であれば、ラフスケッチ、デッサンなどの図形を記載あるいは添付します。より分かり易くするため、実物大の模型やひな形を準備することもあります。

サービスについては、必要に応じて、実施手順や必要とされるハード（設備・機器・器具等）とソフトについて記入します。

(3) 競合する製品・サービスの特徴と差別化の確認

競合する製品・サービスがあれば、その特徴について確認します。また、顧客に新製品・サービスを選択してもらうには、コンセプトあるいは属性の面で競合する製品・サービスに対して差別化されていることが重要ですので、その点についても改めて確認します。

ちなみに、コンセプト・シートとしては、たとえば以下のような様式が考えられます。

【図表5-4】製品のコンセプト・シートの例

[アイデア]			
だれに	どんな場面で	どんな方法で	どんな価値を
図形など		競合製品との差別化	
		＜競合製品の特徴＞ ＜差別化の確認＞	
・開発アプローチ（用途開発、小幅な改良、大幅な改良、新規開発、市場初の新規開発） ・アイデア開発法（ニーズ対応法、シーズ展開法、他社参考法、情勢分析法）			

【図表5-5】サービスのコンセプト・シートの例

[アイデア]			
だれに	どんな場面で	どんな方法で	どんな価値を
実施手順など		競合サービスとの差別化	
<実施手順> <必要なハード、ソフト>		<競合サービスの特徴> <差別化の確認>	
・開発アプローチ（用途開発、小幅な改良、大幅な改良、新規開発、市場初の新規開発） ・アイデア開発法（ニーズ対応法、シーズ展開法、他社参考法、情勢分析法）			

3．コンセプト・テストとコンセプトの決定

いよいよ、アイデア開発の最終段階に入ります。

(1) **コンセプト・テスト**

　前出のコンセプト・シートが完成しましたら、社内の経営会議などでコンセプトを評価し選定します。

　次に、ターゲット市場を代表するできるだけ多くの一般消費者に集まってもらい、選定したコンセプトごとに評価してもらいます。具体的には、あなたの会社で用意した質問に対して、一般消費者に回答してもらうという形になります。ちなみに、質問の項目として、フィリップ・コトラー氏は次のような項目を例示しています。

第2部　個人向け新製品・サービスのアイデア開発

【図表5-6】燃料電池電気自動車のコンセプト・テストの主要質問項目

1. 燃料電池電気自動車のコンセプトを、あなたは理解していますか。
2. この自動車の性能に関する宣伝文句を、あなたは信じますか。
3. この燃料電池電気自動車は従来の自動車と比較して、どのような点が優れていますか。
4. この自動車はバッテリー式電気自動車と比較して、どのような点が優れていますか。
5. この自動車の特徴に改良を加えるとすれば、どの点でしょうか。
6. あなたは、どのような場合に従来の自動車ではなく、この燃料電池電気自動車を使いたいと思いますか。
7. この燃料電池電気自動車の適正価格は、いくらだと思いますか。
8. このような車の購入を決める際、誰の意見を聞きますか。誰がこの車を運転しますか。
9. あなたは、このような車を買いますか（絶対に買う、たぶん買う、たぶん買わない、絶対に買わない）。

（出典）『マーケティング原理　第9版』コトラー／アームストロング著　監訳者 和田充夫　ダイヤモンド社（2008）p.409

　なお、上記の質問から分かります通り、コンセプト・テストに参加する一般消費者には、あなたの会社の新製品・サービスに関連するかなり深い理解と知識が求められます。また、それらの製品・サービスに関心のない人達では、もちろん困ります。したがって、コンセプト・テストには、これらの条件を満たす一般消費者、できれば、製品・サービスについて詳しい知識を持ち熱心なファンでもある「リード・ユーザー」を集めることをお勧めします。

(2)　**コンセプトの決定と留意事項**

① **コンセプトの決定**

　コンセプト・テストへの参加者から次のような反応が得られれば、そのコンセプトは合格です。

A．**買いたいと言う反応**

　上掲の9番目の質問をご覧ください。参加者に、「絶対に買う、たぶん買う、たぶん買わない、絶対に買わない」の選択肢の中から選んでもらいます。「絶対に買う、たぶん買う」の反応が多ければ、合格です。言うまでもありませんが、特に「絶対に買う」が多いことが重要です。

　ちなみに、それらの回答に基づいて、ターゲット市場でどの程度の数量を

販売できるか推測する方法もあります。たとえば「絶対に買いたい、たぶん買う」と答えた参加者が全体の10%いたとすると、ターゲット市場の人数に10%を乗じた人数が見込客になると推測するのです。ただし、留意事項として後述しますが、これが言えるのは、参加者が正直に回答してくれる場合に限られます。また、正直な回答であったとしても、実際の買物の場面では、回答の通りになるとは限りません。

B．大きな反応

参加者の多くから、たとえば「びっくりするほど○○だね！」、「（あんなに○○なのに、）○○なんだ！」、「それすごいね！」、「なるほど！」、「おもしろい！」、「絶対買いたい！」といった、感動や意外性を表す大きな反応があれば合格です。また、それらの反応が大きければ大きいほど、アイデアは有望と言えます。

② コンセプト・テストについての留意事項

コンセプト・テストに対する一般消費者の評価については、次表のような否定的な指摘もなされています。

それらの指摘が当てはまらないようにするため、前述しました通り、参加者はできるだけ「リード・ユーザー」を中心に構成するようにしましょう。

【図表5-7】コンセプト・テストでの参加者の評価に対する指摘

1．参加者は、低く評価すると質問者に申し訳ないと考えて、正直な評価よりも高い評価で回答する傾向がある
2．参加者は、質問に回答することだけが求められており、費用がかかっている訳ではない。また、実際に店頭で購入する場面では、競合する製品・サービスがある場合は、それらと比較したうえでの選択となる。 　したがって、質問に対して「絶対に買いたい」と回答したとしても、本当にお金を払ってその新製品・サービスを購入してくれるかどうかは、分からない。
3．そもそも参加者の数が限られており、その人たちがターゲット市場全体を的確に代表しているか疑わしい。また、同じターゲット市場に属する人々であっても、個人個人の好みや必要性はそれぞれ異なっており、一般化はできない。
4．参加者の多数が賛成するのは、それが常識的で無難なアイデアであり、画期的なアイデアではないから。

4．第4章と第5章の締め括り

　フィリップ・コトラー氏が、『マーケティング・マネジメント』という著書の中で、製品のアイデアの合格率について紹介しています。それによりますと、初期の64のアイデアの中で、それぞれの段階を生き残って最終的に全国発売に至るのは、せいぜい二つしかないとのことです。

　その他、合格率は千三つ、つまり千のアイデアの中で最終的には三つしか残らないと指摘する人もいます。

【図表5-8】製品のアイデアの合格率

段　階	アイデア数	合格率
アイデア・スクリーニング	64	1：4
製品コンセプト・テスト	16	1：2
製品開発	8	1：2
テスト・マーケティング	4	1：2
全国販売	2	

（出典）『マーケティング・マネジメント［第7版］』フィリップ・コトラー著
　　　　村田昭治 監修　小阪恕、疋田聰、三村優美子 訳　プレジデント社
　　　　（1996）p.258

　いずれが正しいにしろ、新製品の初期のアイデアのほとんどが途中で脱落して、最終的に残るのはほんの僅かということは間違いありません。

　したがって、新製品の初期のアイデアは、何十、何百とできるだけたくさん開発する必要があります。サービスについても然りです。あなたの会社の今後5年、10年、15年、20年間の成長と発展のためには、どれだけたくさんのアイデアを開発しても決して多すぎるということはありません。

第3部 法人向け新製品・サービスのアイデア開発

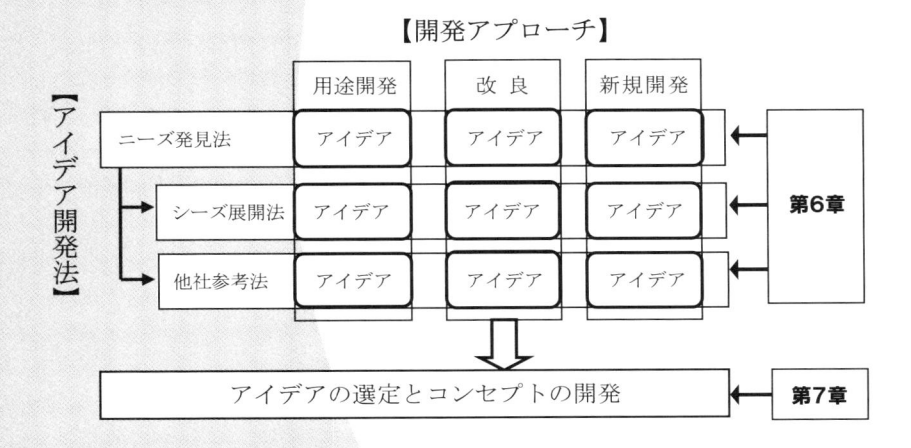

【開発アプローチ】

【アイデア開発法】		用途開発	改良	新規開発	
	ニーズ発見法	アイデア	アイデア	アイデア	← 第6章
	シーズ展開法	アイデア	アイデア	アイデア	
	他社参考法	アイデア	アイデア	アイデア	

| アイデアの選定とコンセプトの開発 | ← 第7章 |

第6章 法人向けの新製品・サービスのアイデア開発法

　法人向けの新製品・サービスは、（不特定の一般消費者を対象とする個人向けの製品・サービスとは異なり、）特定の法人顧客のニーズを満たすことが求められます。そのためのアイデア開発法としては、「ニーズ発見法」、「シーズ展開法」、「他社参考法」の三つがあります。本章では、三つの留意点に触れた上で、各々の方法について詳しくご紹介します。

　なお、第3章で紹介しました三つの開発アプローチのいずれについても、これらの三つの方法を活用してアイデアを開発します。

> 1．三つの留意点
> 2．ニーズ発見法
> 3．シーズ展開法
> 4．他社参考法

　第4章との内容の重複について念のため付け加えます。後述（→158頁）しますそれぞれのアイデア開発法の説明の中に、第4章での説明と重複する箇所が所々見られますが、それは次の理由によります。すなわち、ほとんどの中小企業は「個人向け」と「法人向け」のいずれか一方にだけ従事しておられるので、筆者としては、本章（「法人向け」）を読まれる方々が、第4章（「個人向け」）を既に読んでおられる可能性は低いと考えます。そのため、もし第4章と重複する箇所を本章で記載せずに、第4章の該当箇所をいちいちご参照いただくことにしますと、それらの方々に大きな不便をおかけすることになります。したがって、そのような事態を避け、本章を続けて読んで頂けるように、本章では第4章と重複する箇所も敢えて記載しております。

1．三つの留意点

　本章を読んでいただくに当たり、以下の三つの点にご留意ください。

第3部　法人向け新製品・サービスのアイデア開発

(1) 生産財の受注生産が対象

　第1章で、生産財の分類について次の通りご説明しました。

　生産財の種類には「原材料」、「中間財」、「資本財」、「消耗品」の四つがあり、それぞれの種類は「汎用品」と「特注品」に分けられます。また、その生産方式は、不特定の法人顧客向けの「見込生産」と特定の法人顧客からの「受注生産」に分けられます。「受注生産」の場合には、法人顧客が提示する仕様書が顧客ニーズを表し、それを満たすことが必須となります。

　上記の分類を一覧表にしたうえで、大企業と中小企業の取扱い分野について整理すると次の表のようになります。つまり、中小企業の生産財の取扱いは、財務体力面などの制約から、「（原材料以外の）小ロット・小規模の受注生産」が主流になっているということです。見込生産については、もちろん小ロットの場合のような例外はありますが、中小企業は基本的に取り組んでいないと思われます。

　したがって、これからのご説明では、読者の皆さんは「受注生産」に従事されているという前提で話を進めていきます。

【図表6-1】中小企業の生産財の取扱い分野

		見込生産	受注生産
原材料	汎用品	大企業	大企業
	特注品	× （見込生産に原則なじまず）	大企業
中間財 （部品）	汎用品	大企業	○大ロット　－　大企業 ○小ロット　－　中小企業
	特注品	× （見込生産に原則なじまず）（注）	○大ロット　－　大企業 ○小ロット　－　中小企業
資本財 （設備機器）	汎用品	大企業	○大規模　－　大企業 ○小規模　－　中小企業
	特注品	× （見込生産に原則なじまず）（注）	○大規模　－　大企業 ○小規模　－　中小企業
消耗品	汎用品	大企業	○大ロット　－　大企業 ○小ロット　－　中小企業
	特注品	× （見込生産に原則なじまず）	○大ロット　－　大企業 ○小ロット　－　中小企業

（注）ちなみに、特注品でも、部品あるいは完成品の一歩手前まで見込生産して、完成品を受注生産する「マスカスタマイゼーション」という混合型の生産方式もあります。

なお、法人向けのサービスについては、見込生産と受注生産の区分はありません。敢えて区分しますと、サービスは在庫ができないこと、そして受注を待って取りかかることから、生産財の「受注生産」と同様の「受注型」と言えましょう。

(2) **受注生産の生産財とサービスのアイデア開発法**

受注生産の生産財および受注型のサービスについては、本章でご紹介します「ニーズ発見法」、「シーズ展開法」、「他社参考法」の三つのアイデア開発法を活用します。その考え方は次の通りです。

まず、「ニーズ発見法」で法人顧客の顧客ニーズを発見します。そして、それらの顧客ニーズを満たす新製品・サービスのアイデアを「シーズ展開法」と「他社参考法」で開発する、という手順になります。「受注生産・受注型」では、法人顧客の顧客ニーズを満たすことがもっとも重要であり、顧客ニーズから遊離したアイデアはあり得ないからです。

ちなみに、第4章で個人向けの新製品・サービスのアイデア開発法として四つの方法をご紹介しましたが、それらの開発法には特に相互の関係はありません。それぞれが独立してアイデアを追求します。

【図表6-2】アイデア開発法の相互関係

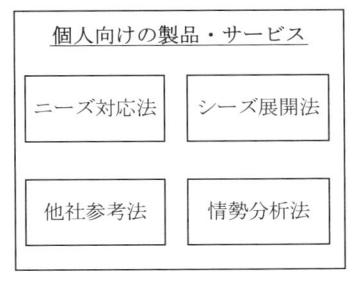

法人向けの製品・サービス (受注生産・受注型)	個人向けの製品・サービス
ニーズ発見法 (顧客ニーズを発見) ↓　　　　↓ シーズ展開法　　他社参考法 (アイデアを開発)　(アイデアを開発)	ニーズ対応法　　シーズ展開法 他社参考法　　　情勢分析法

(3) **見込生産の生産財のアイデア開発法**

見込生産の生産財は、前述の通り本書の範囲外ですが、そのアイデア開発法について一言触れておきます。

見込生産の場合でも、新製品は法人顧客（ただし、法人顧客は不特定の場合が主）の顧客ニーズを満たすことが基本となりますので、本章でご紹介します方法

を参考にしてアイデアを開発します。また、不特定の法人顧客の顧客ニーズを発見する方法として、第４章で紹介しました「ニーズ対応法」も適宜参考にします。

【図表6-3】生産財とサービスのアイデア開発法

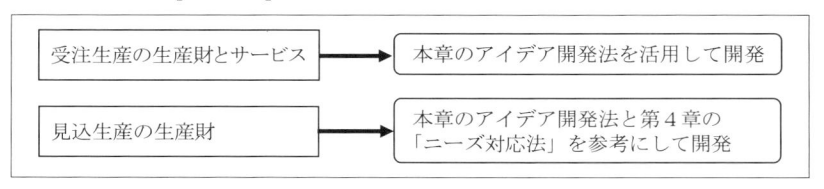

| 受注生産の生産財とサービス | → | 本章のアイデア開発法を活用して開発 |
| 見込生産の生産財 | → | 本章のアイデア開発法と第４章の「ニーズ対応法」を参考にして開発 |

２．ニーズ発見法

上述の通り、受注生産の生産財と受注型のサービスについては、「ニーズ発見法」がベースとなります。以下、「法人の顧客ニーズ」について触れた上で、ニーズ発見法の概要と具体的な手法についてご紹介します。

⑴ **法人の顧客ニーズ**

「ニーズ発見法」では、繰り返しになりますが、受注生産の生産財と受注型のサービスが対象となりますので、発注元の法人顧客の「顕在ニーズ」が対象となります。（発注元の法人顧客の「潜在ニーズ」については、本書では触れません。）

また、「顕在ニーズ」は、一般消費者を対象とする場合と同様に、「問題解決ニーズ」、「解決手段ニーズ」、「手段改善ニーズ」の三つから構成されます。

以下、それぞれの顧客ニーズが発生する領域と顧客ニーズに関する情報（以下、「ニーズ情報」と呼びます）の源泉について、簡単に見てみましょう。

① **顧客ニーズが発生する領域**

А．問題解決ニーズ

これは、法人顧客が抱えている「問題の解決を求める漠然とした欲求」であり、次の二つの領域から発生します。

　ａ．経営全般の今後の課題

　　法人顧客の経営全般に関する今後の課題。たとえば、経営戦略、研究開発計画、技術計画、商品・サービス開発戦略、マーケティング戦略、財務戦略などに関連して、今後取り組む可能性のある課題です。今後それらの

課題が具体化するにつれて、あなたの会社の製品・サービスに対する需要につながる可能性があります。

b．各部門の今後の課題

　上記と部分的に重複する面がありますが、法人顧客が今後取り組む可能性のある各部門の課題です。今後それらの課題が具体化するにつれて、あなたの会社の製品・サービスで協力できることが出てくるかもしれません。

　ちなみに、第1章で紹介しました通り、生産財とサービスは、製造業とサービス業の各々では以下のような部門・領域で利用されています。したがって、これらのすべての部門・領域に、あなたの会社の生産財あるいはサービスに対する「問題解決ニーズ」、「解決手段ニーズ」、および「手段改善ニーズ」が内在している可能性があります。

【図表6-4】生産財が利用される部門・領域

［製造業の場合］
- 購買物流と出荷物流で利用する生産財
- 加工・製造で利用する生産財
- マーケティング・販売で利用する生産財
- サービスで利用する生産財
- 全般管理で利用する生産財
- 人的資源の管理で利用する生産財
- 技術開発で利用する生産財
- 事業運営処理で利用する生産財

［サービス業の場合］
- サービス活動で利用する生産財
- マーケティング・販売で利用する生産財
- 全般管理で利用する生産財
- 人的資源管理で利用する生産財
- 技能開発で利用する生産財
- 事業運営処理で利用する生産財

【図表6-5】社外サービスが利用される部門・領域

［製造業の場合］
- 購買物流と出荷物流で利用する社外サービス
- 加工・製造で利用する社外サービス
- マーケティングと販売で利用する社外サービス
- サービスで利用する社外サービス
- 全般管理で利用する社外サービス
- 人的資源管理で利用する社外サービス
- 技術開発で利用する社外サービス
- 事業運営処理で利用する社外サービス

［サービス業の場合］
- サービス活動で利用する社外サービス
- マーケティングと販売で利用する社外サービス
- 全般管理で利用する社外サービス
- 人的資源管理で利用する社外サービス
- 技能開発で利用する社外サービス
- 事業運営処理で利用する社外サービス

B．解決手段ニーズ

これは、法人顧客が抱えている「問題を解決する手段としての具体的な製品・サービスを求める欲求」であり、次の二つの領域から発生します。

a．経営全般の現在の問題

法人顧客が現在抱えている経営全般の問題や課題。法人顧客が今後それらの解決を図る場合に、あなたの会社として製品・サービスを通じてソリューションを提供できるかもしれません。

b．各部門の現在の問題

法人顧客が現在解決しようとしている各部門の問題や課題。上記と同じく、あなたの会社としてなにか協力できることが出てくるかもしれません。

C．手段改善ニーズ

法人顧客が内製あるいは外部からアウトソーシングしている製品・サービスに対する、具体的な不満や問題です。あなたの会社にとっては、「改良」を含めた新製品・サービスの開発につながる可能性があります。

【図表6-6】法人顧客の顧客ニーズが発生する主な領域

	顧客ニーズが発生する主な領域
問題解決ニーズ	・経営全般の今後の課題 ・各部門の今後の課題
解決手段ニーズ	・経営全般の現在の問題や課題 ・各部門の現在の問題や課題
手段改善ニーズ	・全社あるいは各部門で現在利用している製品・サービスに対する不満や問題

(2) ニーズ発見法の概要

ニーズ発見法とは、法人顧客の顧客ニーズとそれに関するニーズ情報を収集し、発見し、掘り起こす手法のことです。

> ニーズ発見法とは、法人顧客の顧客ニーズとそれに関するニーズ情報を収集し、発見し、掘り起こす方法。

なお、繰り返しになりますが、後述の「シーズ展開法」と「他社参考法」の二つのアイデア開発法で、ニーズ発見法で発見した顧客ニーズを満たす新製品・

サービスのアイデアを開発します。

【図表6-7】ニーズ発見法の構造

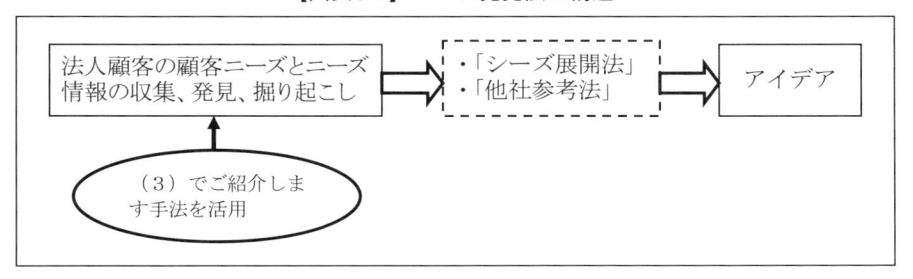

```
┌─────────────────────────────────────────────────────────────┐
│  ┌──────────────┐      ┌──────────────┐     ┌─────────┐    │
│  │法人顧客の顧客 │      │・「シーズ展開 │     │         │    │
│  │ニーズとニーズ │ ───→ │  法」        │ ──→ │ アイデア │    │
│  │情報の収集、発 │      │・「他社参考法」│     │         │    │
│  │見、掘り起こし │      └──────────────┘     └─────────┘    │
│  └──────┬───────┘                                           │
│         ↑                                                   │
│    ╭─────────╮                                              │
│   (（3）でご紹介しま)                                        │
│    (す手法を活用 )                                           │
│    ╰─────────╯                                              │
└─────────────────────────────────────────────────────────────┘
```

(3) 顧客ニーズとニーズ情報を発見する具体的な手法

　法人顧客の顧客ニーズとニーズ情報を収集し、発見し、掘り起こすための手法としては、以下の通りが考えられます。

　なお、解決手段ニーズと手段改善ニーズを発見できた場合には、新製品・サービスのアイデアがストレートに浮かんでくると思います。その場合は、「シーズ展開法」や「他社参考法」での検討は不要です。

① 法人顧客から直接収集

　言うまでもありませんが、法人顧客から直接ヒアリングした顧客ニーズやニーズ情報が、アイデア開発にとって一番重要です。情報としての精度と確度は一番信頼できますし、なによりもその情報をもとにして、あなたの会社の製品・サービスに対する実際の商談に直接結びつく可能性があります。

　法人顧客から顧客ニーズを聞きだしたり、ニーズ情報を収集する方法としては、営業担当者による定例訪問がもっとも基本となります。営業担当者が顧客を日々訪問する中で、顧客から直接ヒアリングしてニーズ情報を集めます。いわゆる「面接法」です。ただし、重要な法人顧客については、営業担当者任せにするのではなく、経営者や役員の方々が率先して対応されることをお勧めします。

　なお、営業担当者から営業活動で得た顧客ニーズやニーズ情報を遅滞なく会社へ報告してもらうには、次のような組織的な取組みが欠かせません。

　まず、上司を含めたすべての営業関係者の意識改革です。すべての関係者に対して、「顧客や取引先を訪問する際には、ニーズ情報を把握して会社へ

報告することは必須」との意識づけをする必要があります。

次に、会社への報告制度の整備です。営業担当者が遅滞なく会社へ報告できるよう、イントラネットを含めた報告システムを整備したり、定例の営業会議で顧客ニーズやニーズ情報も報告の議題とするなどが考えられます。

② **法人顧客の公開情報の収集**

法人顧客がホームページなどで公開しているニーズ情報を、収集します。

上場企業であれば、決算短信、有価証券報告書、ニュースリリース、ＩＲ説明会資料などの公開情報から、ニーズ情報を読み取ることができます。また、上場・非上場にかかわらず、ホームページからニーズ情報を探すことが可能です。

③ **社内の顧客情報の収集**

営業部門以外の法人顧客と接する機会のある組織、たとえばメンテナンス部門やコールセンターなどの組織には、苦情・クレーム、問合せ、相談、提案などのさまざまな「顧客の声」が寄せられている可能性があります。これらの「顧客の声」は顧客ニーズあるいはニーズ情報そのものです。

④ **二次情報の収集**

これは、マスメディア、研究機関、金融機関、インターネット、興信所などから加工されたニーズ情報を収集するものです。

産業や業界の一般的なニーズ情報については、新聞（日本経済新聞などの経済紙、業界紙、一般紙）、ビジネス誌、テレビなどのマスメディア、研究機関、金融機関、証券会社、インターネットなどから、さまざまな「二次情報」を入手することが可能です。

特定の企業のニーズ情報については、経済紙、業界紙、ビジネス誌、興信所（帝国データバンク、東京商工リサーチ）などから入手できます。

それらのニーズ情報を継続して収集してください。あなたの会社の法人顧客のニーズやそのヒントになる世の中の動き・変化が、それらの情報から必ず見つかるでしょう。

⑤ **自社にとってのニーズ**

これまでに述べたことは他社に関連するものですが、これは、あなたの会

社が自ら抱えるニーズの中から普遍的なニーズを探るものです。

あなたの会社自体が、さまざまなニーズを抱えているはずです。たとえば以下のような例が考えられますが、その中には、あなたの会社の法人顧客も同じように感じているニーズがあるかもしれません。（また、業種や国境を越えて多くの企業が抱えている普遍的なニーズが、含まれている可能性もあります。）

なお、あなたの会社にとってのニーズについては、法人顧客も同じように感じているか確認（＝すり合わせ）する必要があります。

A．設備・器具・工具、など

自社の生産効率をあげるための、設備・器具・工具などの生産財を開発したり改善する必要性。

B．工場や事務所の保安設備、安全設備、そのノウハウ、など

自社の保安や従業員の安全を確保するための、保安設備、安全設備、あるいはそのノウハウを開発する必要性。

(4) 手法の整理

これまでに紹介しました「ニーズ発見法」の手法を、下表に整理します。

なお、「法人顧客の顧客ニーズとニーズ情報の収集、発見、掘り起こし」には特に必要ではありませんが、それらの情報を分析する場合には、後述します「マインド・マップ」と「ブレインストーミング」という二つの発想技法を活用してみてください。体系的、効率的な分析が可能となります。

【図表6-8】ニーズ発見法の手法、発想技法、主な対象

課題	活用または応用する手法	主な対象		
		製品	サービス	技術
法人顧客の顧客ニーズとニーズ情報の収集、発見、掘り起こし	①法人顧客から直接収集	○	○	○
	②顧客の公開情報の収集	○	○	○
	③社内の顧客情報の収集	○	○	○
	④二次情報の収集	○	○	○
	⑤自社にとってのニーズ	○	○	○

（注）収集した情報を分析する場合、後述します「マインド・マップ」と「ブレインストーミング」という発想技法を活用すると大変有益です。

3．シーズ展開法

(1) シーズ展開法の概要

　シーズ展開法とは、自社の経営資源を展開して法人顧客の顧客ニーズを満たす新しい姿やイメージを思い描き、それらをヒントにして新製品・サービスのアイデアを開発する方法のことです。以下の二つの段階から構成されます。

> シーズ展開法とは、自社の経営資源を展開して法人顧客の顧客ニーズを満たす新しい姿やイメージを思い描き、それらをヒントにして新製品・サービスのアイデアを開発する方法。

① **第1段階**

　あなたの会社の経営資源を展開（＝改良・応用・発展）して、前出のニーズ発見法で掘り起こした法人顧客の顧客ニーズを満たす新しい姿やイメージを思い描きます。簡単に言いますと、あなたの会社の経営資源を顧客ニーズに合うように改良したり、応用したり、発展させてみるということです。具体的な手法については、次の(2)でご紹介します。

　ここでの経営資源とは、主に製品、サービス、および（技能やスキルを含む）技術を指します。現在だけではなく、過去の経営資源も含みます。なお、本来であれば、あなたの会社が強みあるいは得意とする経営資源に焦点を当てて、それらを展開・発展させて新製品・サービスを開発することがもっとも望まれます。しかし、強みや得意とする経営資源が特にない場合は、あなたの会社が今後コアな経営資源として育てていかれるものを対象としてください。

② **第2段階**

　第1段階で思い描いた新しい姿やイメージをヒントにして、新製品・サービスのアイデアを開発します。具体的な手法については、(3)（→175頁）で後述します。

第6章　法人向けの新製品・サービスのアイデア開発法

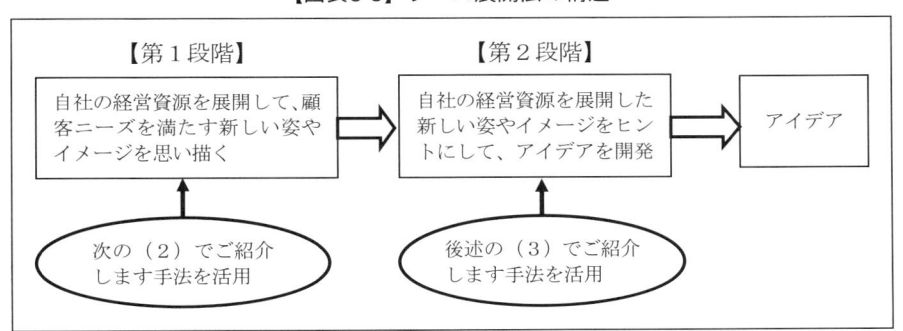

【図表6-9】シーズ展開法の構造

```
   【第1段階】              【第2段階】
┌──────────────┐      ┌──────────────┐      ┌──────┐
│自社の経営資源を展開して、│      │自社の経営資源を展開した│      │      │
│顧客ニーズを満たす新しい姿や│─→  │新しい姿やイメージをヒン│─→  │アイデア│
│イメージを思い描く      │      │トにして、アイデアを開発│      │      │
└──────────────┘      └──────────────┘      └──────┘
        ↑                      ↑
  ╭──────────╮      ╭──────────╮
  │次の（2）でご紹介│      │後述の（3）でご紹介│
  │します手法を活用 │      │します手法を活用 │
  ╰──────────╯      ╰──────────╯
```

(2) 第1段階のための具体的な手法

　第1段階の「経営資源を展開して、顧客ニーズを満たす新しい姿やイメージを思い描く」ための手法としては、以下の通りが考えられます。

　なお、既存の製品・サービスを対象として思考を展開していく過程で、新製品・サービスのアイデアがストレートに思い浮ぶこともあると思います。その場合には、第2段階での検討は必要ありません。

① 埋もれた情報の掘り起こしと展開

　これは、あなたの会社の中に埋もれている経営資源をまず掘り起こし、次にそれを展開して、顧客ニーズを満たす新しい姿やイメージを思い描く手法です。その手順は次の通りです。

Ａ．埋もれた情報の掘り起こし

　まず、あなたの会社の中に埋もれている製品・サービスや技術に関する情報を掘り起こします。あなたの会社の中に埋もれている情報としては、主に「過去の技術情報」、「過去のアイデア情報」、「役職員の中に埋もれている情報」の三つが考えられます。

　ａ．過去の技術情報

　　あなたの会社の仮眠技術、研究開発の途中で放棄された技術、過去に失われた技術、過去に失敗した技術などをすべて、棚卸ししてみましょう。その中から、顧客ニーズを満たす新しい技術やそのヒントが見つかるかもしれません。

b．過去の新製品・サービスのアイデア情報

　　上記と同様に、過去の新製品・サービスのアイデア、過去に失敗した製品・サービス、休眠中の新製品・サービスのアイデアなどをすべて洗い出しします。その中から、顧客ニーズを見たすことのできる新製品・サービスのアイデアやそのヒントが見つかるかもしれません。

　c．役職員の中に埋もれている情報

　　あなたの会社の役職員の中に埋もれている次のような情報を掘り起こします。

　　まず、過去の技術やアイデアなどについて、詳しく記憶に留めている人達がいると思われます。その人達からも情報を集めます。また、貴重な情報を持っていると思われる退職者がいたら、その人達と連絡をとってヒアリングすることも有益と思われます。

　　次に、あなたの会社の研究開発部門、技術部門、営業部門など製品・サービスに直結する部門には、日頃問題意識を持って仕事に取り組む中で、新しい技術や製品・サービスに関するアイデアを独自に発見して、人知れず温めている社員がいるかもしれません。また、研究開発部門には、いわゆる「隠し研究（Under the Table）」として研究員が個人ベースで続けている面白いテーマがあるかもしれません。

　　上記の人達を含めて社内から幅広く情報を募ることも、忘れないようにしましょう。

B．掘り出した情報と顧客ニーズの突き合わせ

　次に、それらの情報と（ニーズ発見法で発見した）顧客ニーズを突き合わせて、顧客ニーズを満たす新製品・サービスや新技術のアイデアあるいはそのヒントが見当たらないか検討します。

C．新しい姿の思い描き

　上記Bでアイデアとヒントのいずれも得られない場合には、旧製品・サービスや旧技術を展開して、法人顧客のニーズを満たす新しい姿やイメージを思い描きます。

② **欠点克服、理想実現、用途拡大**

　これは、あなたの会社の製品・サービスや技術について、欠点を克服したり、理想を追求したり、用途を拡大したりすることによって、法人顧客のニーズを満たす新しい製品・サービスや技術を思い描きます。

Ａ．欠点克服

　製品・サービスや技術の欠点、弱さ、不足といったマイナスの要素を見つけて、それを克服した姿を思い描きます。つまり、既存の製品・サービスや技術を「改良」して、顧客ニーズを満たす新しい製品・サービスや技術を開発するのです。

Ｂ．理想実現

　製品・サービスや技術の理想的な姿を思い描きます。つまり、既存の製品・サービスや技術を応用して、顧客ニーズを満たす新製品・サービスや新技術を開発することになります。

Ｃ．用途の拡大

　製品・サービスや技術に関連すると思われる用途を、制限をいっさい設けずに、考えられる限り発散・拡大します。つまり、既存の製品・サービスや技術の「用途開発」によって、顧客ニーズを満たす新しい製品・サービスや技術を開発するのです。

③ **オズボーンのチェックリスト法**

　オズボーンのチェックリスト法は、米国の大手広告会社の社長を務めたアレックス・オズボーンという人が考案した発想技法です。この発想技法を活用してあなたの会社の製品を見つめ直し、顧客ニーズを満たす新しい製品をイメージします。（なお、発想技法については、175頁で改めてご説明します。）

Ａ．チェックリスト法の概要

　チェックリスト法では、対象を九つの「角度」と各々の「切り口」から見つめ直すことによって、新しい形を発想します。日本創造学会のホームページによりますと、各々の「角度」の具体的な「切り口」は次の表の通りです。

第3部　法人向け新製品・サービスのアイデア開発

【図表6-10】チェックリストの角度、切り口、事例

角度	具体的な切り口	マッチの例
a．転用	そのままで新用途は、他への使い道は、他分野へ適用は	着火用→マッチ棒の家
b．応用	似たものはないか、何かの真似は、他からヒントを	はし立て→円筒型マッチ
c．変更	意味、色、働き、音、匂い、様式、型を変える	四角→丸・三角型マッチ
d．拡大	追加、時間を、頻度、強度、高さ、長さ、価値、材料、誇張	大マッチ
e．縮小	減らす、小さく、濃縮、低く、短く、軽く、省略、分割	ミニマッチ
f．代用	人を、物を、材料を、素材を、製法を、動力を、場所を	木→紙マッチ
g．再利用	要素を、型を、配置を、順序を、因果を、ペースを	軸入れの場所変え
h．逆転	反転、前後転、左右転、上下転、順番転、役割転換	超豪華マッチ
i．結合	ブレンド、合金、ユニットを、目的を、アイデアを	占いマッチ

（出典）日本創造学会のホームページ － 作成・高橋誠、参照・『創造力辞典』（日科技連出版社）

B．オズボーンのチェックリスト法の活用法

　この手法は、形のないサービスや技術については活用しづらいので、製品のみが対象となります。

　あなたの会社でも、上記のa～iの九つの「角度」と各々の「切り口」に沿って、対象とする製品の属性を徹底的に見つめ直して、その新しい姿・イメージを大胆に描いてみてください。法人顧客のニーズを満足させられる斬新な姿・イメージがきっと描けるはずです。その手順は次の通りです。

　a．角度と切り口の決定

　　まず、対象とする製品について、顧客ニーズと関連する「角度」と「切り口」を選択します。数に限りはありません。なお、「切り口」については、上表の中から選んでもよいですし、それにこだわらずに、あなたの会社の製品に合うように独自に設定し直しても構いません。

　b．新しい姿の思い描き

　　そして、選択した「角度」と「切り口」から製品を見つめ直して、顧客ニーズを満たしそうな新製品の姿やイメージを思い描きます。

④ 既存の製品・サービスのコンセプトと属性の変更

　これは、あなたの会社の製品・サービスの基本的な要素であります「コンセプト」と「属性」を変更することによって、法人顧客のニーズを満たす製品・サービスや技術の新しい姿やイメージを思い描く方法です。その手順は次の通りです。

A．既存の製品・サービスのコンセプトと属性の分析

　発想を始める前に、あなたの会社の製品・サービスのコンセプトと属性はどうなっているのか、現状を分析する必要があります。分析に使うシートの様式は自由ですが、見本を以下に掲載します。あなたの会社の製品・サービスに合わせて修正してください。

　コンセプトは、第２章で説明しました通り四つの項目で構成されます。その内の「だれに」の欄には、既存の製品・サービスの顧客である法人顧客の名前を記入します。「どんな場面で」の欄には、その法人顧客の顧客ニーズが生じている場面、つまり既存の製品・サービスが利用されている場面を記入します。「どんな価値を」の欄には、その法人顧客の顧客ニーズを満たしている顧客価値を記入します。そして、「どんな方法で」の欄には、後の属性の欄で分析した結果を記入します。

　属性については、製品・サービスともに五つの属性から構成されますが、製品の場合は、基本的な形を形成する「機能的属性」と「デザイン属性」の二つを対象とします。サービスの場合も、同じく「中核的サービス」と「付属的属性」の二つの属性を対象とします。これらの主な属性を分析シートに記入します。（なお、他の三つの属性を除くのは、一部の例外はありますが、新製品・サービスのアイデア開発に直接関係しないからです。）

【図表6-11】製品の分析シート(見本)

製品名:						
コンセプト		だれに	どんな場面で	どんな方法で		どんな価値を
				(=属性欄)		
機能的属性	要素	機能・性能、材料、品質など	1. 2. 3.	技　術　力		
	特性	安全性、快適性など	1. 2. 3.			
デザイン属性	要素	デザイン、スタイル、模様、柄、サイズなど	1. 2. 3	デザイン力		
	特性	クラシック、現代的、斬新、独創的など	1. 2 3.			

(記入方法)　・コンセプトの「どんな方法で」の欄は、属性の欄で詳しく触れるため省略可
　　　　　　・「特性」の欄には、特に優れた点や競合品との大きな違いを記入。

【図表6-12】サービスの分析シート(見本)

サービス名:						
コンセプト		だれに	どんな場面で	どんな方法で		どんな価値を
				(=属性欄)		
中核的サービス	要素	1. 2. 3.	専門能力			
	特性	1. 2. 3.				
付属的属性	ハード	1. 2. 3.				
	ソフト	1. 2. 3.				

(記入方法)　同　上

第6章　法人向けの新製品・サービスのアイデア開発法

B．新しい姿の思い描き

　次に、コンセプトと属性を変更して、顧客ニーズを満たす製品・サービスや技術の新しい姿やイメージを思い描くことになります。以下、製品の場合について、その方法をご説明します。下表を併せてご参照ください。

【図表6-13】新製品のイメージ・シート（見本）

製品名：						
コンセプト			だれに	どんな場面で	どんな方法で	どんな価値を
			（新たな法人顧客を記入）	（新たな活用場面を記入）		（新たな顧客価値を記入）
機能的属性	要素	機能・性能、材料、品質など	1. 2. 3.		↕ 属性を変更して、新しい姿・イメージを思い描く	
	特性	安全性、快適性など	1. 2. 3.			
デザイン属性	要素	デザイン、スタイル、模様、柄、サイズなど	1. 2. 3			
	特性	クラシック、現代的、斬新、独創的など	1. 2 3.			

　a．コンセプトの変更

　「だれに」、「どんな場面で」、「どんな価値を」の三つは、上述しました通りニーズ発見法で発見した新たな顧客ニーズに書き変えます。繰り返しになりますが、「だれに」は、その顧客ニーズを持っている法人顧客、「どんな場面は」は、その法人顧客がその製品を活用しようとしている場面、「どんな価値を」は、その顧客ニーズを満たす顧客価値を、それぞれ記入します。

　「どんな方法で」の欄、つまりコンセプトを実現するための技術やデザインは、今の段階では未定です。その欄には、次の「属性の変更」によって思い描いた新しい技術やデザインをフィードバックすることになります。

　b．属性の変更

　機能的属性とデザイン属性を変更することによって、変更された「だれ

171

に」、「どんな場面で」、「どんな価値を」の三つ要素を実現する新しい技術やデザインを思い描きます。それが「どんな方法で」です。

⑤ **コア技術戦略**

これは、あなたの会社のコアとなる技術やスキルを未来に展開することによって、顧客ニーズを満たす製品・サービスや技術の新しい姿やイメージを思い描く方法です。

A．**コア技術戦略とは**

「コア技術戦略」とは、延岡健太郎氏の著書『日経文庫　製品開発の知識』（日本経済新聞出版社、2009年、p.65）によりますと、「特定の技術分野に集中することによって競争優位を確かなものとし、さらにはその技術をベースとした新製品を次々と開発・導入する戦略」のことです。

この考え方は、中小企業にとっては当然のことかもしれません。まったく関連のない技術や技能を次々に生み出すには、豊富な経営資源が必要であり、中小企業にとって現実的ではありません。したがって、今ある技術をベースとして、それを次の世代、その次の世代へと連続的に改良、応用、展開していくことが通常だからです。

大企業につきましても、インターネットで各社のホームページを閲覧しますと、この戦略が基本だということが読み取れます。それらの中から代表的な例を取りあげて、次の表にご紹介します。

【図表6-14】コア技術戦略の事例

会社名	コア技術	コア技術の応用・展開
京セラ㈱	ファインセラミック技術	繊維機械用部品、製紙部品、ポンプ部品などの耐摩耗部品、半導体・液晶の製造装置部品、携帯電話の基地局用誘電体、LED用基板など
東レ㈱	有機合成化学、高分子化学などのコア技術とナノテクノロジーを融合	繊維事業、プラスチック・ケミカル事業などの基盤事業、および、情報・通信機材事業、炭素繊維複合材料事業、医薬・医療材事業、水処理などの環境事業など
日本電産㈱	モーター技術	スマートフォン向けバイブレーション用精密小型モーターから超大型の産業システム向けモーターまで多岐にわたる製品群
ユニ・チャーム㈱	不織布・吸収体の加工・成形技術	ベビー用紙オムツなどのベビーケア用品、生理関連用品、大人用排泄介護用品、ペットシートなど

（出典）各社のホームページから作成

B．コア技術戦略の応用法

あなたの会社でも、コア技術戦略の考え方に基づいて、既存の技術やサービス・スキルを展開した新しい姿やイメージを思い描いてみてください。その手順は以下の通りです。

a．中核の技術やスキルの選定

まず、あなたの会社のコア技術の中から、対象とする技術やスキルを選定します。コア技術やコア・スキルに替えて、将来の中核として育てたい技術やスキルでも構いません。

b．中核の技術やスキルの発展形の予想

次に、その技術やスキルを今後中長期にわたって世代ごとに進化・発展させていくと、どのような技術やスキルが育っていくか予想します。その際、機能や性能を世代ごとに高めていくといった単純な発想では面白くありません。一つ前の世代とまったく連続性がないような奇想天外な新技術や新スキルを、どしどし想像しましょう。

ちなみに、ここで描いた未来の新技術や新スキルは、短期的な新製品・サービスの開発に資するばかりではなく、中長期的な技術戦略や製品・サービス戦略を策定する上での貴重な指針・目標にもなります。

c．発展形の中から選定

そして、それらの未来の新技術や新スキルの中から、今後の努力次第で前倒しでの実現が可能と見込まれ、顧客ニーズを満たせそうなものをピックアップします。それが、コア技術戦略を応用して描いた「技術やスキルの新しい姿・イメージ」となります。

C．関連樹木法の活用

ご参考として付け加えます。

上記のaとbの二つのプロセスでは、「関連樹木法」という発想技法を活用すると大変便利です。次の図をご覧ください。以下、技術の場合について、その具体的な手順をご説明します。

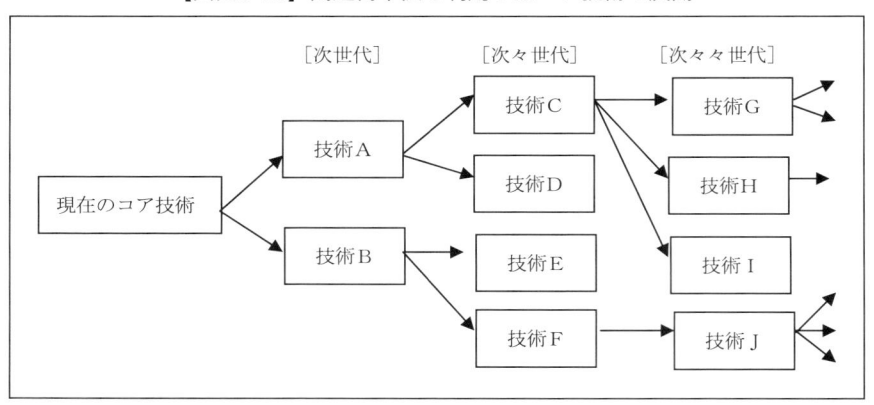

第3部　法人向け新製品・サービスのアイデア開発

【図表6-15】関連樹木法を利用したコア技術の展開

```
                    ［次世代］    ［次々世代］  ［次々々世代］
                                              ┌─────┐ →
                                   ┌─ 技術C ──┤ 技術G │ →
                     ┌─ 技術A ──┤          └─────┘
                     │             │          ┌─────┐
  ┌─────────┐ │             └─ 技術D    │ 技術H │ →
  │ 現在のコア技術 │─┤                         └─────┘
  └─────────┘ │             ┌─ 技術E    ┌─────┐
                     └─ 技術B ──┤          │ 技術I │ →
                                   │          └─────┘
                                   └─ 技術F ──┌─────┐ →
                                              │ 技術J │ →
                                              └─────┘
```

a．中核の技術の記入

　あなたの会社の中核の技術を、一番左の「現在のコア技術」の欄に記入します。

b．中核の技術の発展形の記入

　次に、それらのコア技術を「次の世代（A～B）、その次の世代（C～F）、さらにその次の世代（G～J）、・・・」へと次々に展開させて、未来の姿やイメージを予想します。夢でもロマンでも構いませんので、それらの姿やイメージを各々の欄に記入します。

⑥　コラボレーション

　これは、コラボレーションという仕組みを活用して、顧客ニーズを満たす新製品・サービスの姿やイメージを創造したり、新製品・サービスのアイデアそのものを開発したりする方法です。

A．コラボレーションとは

　外部の企業、研究機関、専門家などと協働・共同して新しい価値を創造する取組みを、一般的にコラボレーション、略してコラボと呼んでいます。

　読者の皆さんもこの言葉を聞かれたことがあると思いますが、コラボは、ファッション、食品、日用品などの分野では珍しくありません。アパレルメーカーと有名デザイナーのコラボ、飲料メーカーと煎茶メーカーのコラボなど、

業種の垣根をこえたコラボも枚挙にいとまがありません。また、コラボ製品もたくさん開発されており、インターネットには多数の製品が掲載されています。その中では特に食品が多いようです。その一部を下表に転載します。

【図表6-16】 コラボ食品の例

会　社　名	コラボ食品の名称
① ㈱壱番屋　＋　山崎製パン㈱	チキンカレードーナツ
② ㈱壱番屋　＋　日本水産㈱	カレーピラフ、カレーコロッケ
③ ㈱えひめ飲料　＋　サクマ製菓㈱	ポンジュースグミ
④ 井筒まい泉㈱　＋　㈱サンリオ	ハローキティーのヒレかつサンド

（出典）各社のホームページとインターネットの「コラボ食品」の検索サイドから作成

B．コラボの活用

あなたの会社でも、外部の企業や機関と協働・共同して、法人顧客のニーズを満たすことのできる製品・サービスや技術の新しい姿やイメージを思い描いたり、新製品・サービスのアイデアそのものを開発してみてはいかがでしょうか。ターゲットとする法人顧客とコラボできれば、まさに理想的です。

(3) 第2段階のための具体的な手法

第2段階では、第1段階で思い描いた「あなたの会社の経営資源の新しい姿やイメージ」をヒントにして、新製品・サービスのアイデアを開発します。その方法としては、抽象的な表現で恐縮ですが、「社内プロジェクト・チームの全員で創造力と知恵を振り絞って発想する」ことに尽きます。

なお、その際には、今からご紹介します「アイデア発想技法」を用いることをお勧めします。適切な発想技法を利用すれば、より効率的・体系的な発想が可能になるからです。（これらのアイデア発想技法は、第1段階で紹介した手法でも有効ですので、是非併用してください。）

① アイデア発想技法の概要

アイデア発想技法とは、効率的・体系的にアイデアを発想するためのツール、テクニック、メソッドのことです。前出の「チェックリスト法」と「関連樹木法」も含まれます。その種類は百を超えると言われており、それに関

する優れた書籍も数多く出版されています。主な発想技法を以下の参考情報に掲載します。

【参考情報】主なアイデア発想技法

アイデア発想技法の種類は、数え切れないほどあるようですが、星野匡氏によれば、その内の主なものは下表の通りとのことです。

分　類	発　想　法　の　種　類
分析した情報から発想する方法	**欠点列挙法**、**希望点列挙法**、属性列挙法、形態分析法、
連想して発想する方法	カタログ法、**刺激語法**、システム・アナロジー、ＮＭ法、**タウン・ウォッチング発想法**、アルファベット・システム
図に書いて発想する方法	**マインド・マップ**、マンダラート、ワード・ダイヤモンド、△○□（ストゥーパ）発想法、**ポジショニング法**、**関連樹木法**
発想を転換させる方法	**チェック・リスト法**、逆設定法、仮想状況設定法、キャスティング法
ブレインストーミングとその応用	**ブレインストーミング**、ゴードン法、６３５法、ブレインライティング
アイデアを収束させる方法	ＫＪ法、ストップ・アンド・ゴー・ブレインストーミング、フィリップス６６法
アイデアが出やすい雰囲気を作る方法	ビジュアル・コンフロンテーション法、睡眠発想法、アイデア・ゲーム、エンカウンター・グループ発想法

（出典）『日経文庫　発想法入門』星野匡 著　日本経済新聞出版社（2010）pp.7-14
（注）　表中の太字で下線をつけた技法については、本書の中で「手法」または「ツール」としてご紹介しています。

　以下、その中から「マインド・マップ」と「ブレインストーミング」の二つを選んでご案内します。前者は主に個人の発想用のツール、後者はグループでの発想用のツールとして、是非ともお勧めしたい技法です。

② **マインド・マップ**

　これは、トニー・ブザンという英国人が考案した発想技法です。社内プロジェクト・チームの個々のメンバーによるアイデア発想に向いている他、グループでの発想にも活用できます。

　発想の進め方は、次の通りです。星野匡氏の著作（『日経文庫 発想法入門』日本経済新聞出版社（2010）pp.99-100）から引用させていただきます。下図を併せてご覧ください。

A．「白無地の紙と色ペンを用意する」
B．「紙を横向きに置き、中心にテーマとなるイメージを描く」
　（筆者注）ここでは、第1段階で得たニーズ情報がテーマになります。
C．「Bの周りに放射状に枝（太い曲線）を描き、その線の上に、テーマから連想されるイメージや言葉を描く（書く）」
　（筆者注）ここでは、第1段階で得たテーマから発想される新製品・サービスに関するイメージやキーワードを記入します。）
D．「Cで描いたものから連想されるものを、さらに枝分かれさせて、周囲に向かって描いていく」
E．「ある程度描けたら、しばらくの間マインド・マップ全体を眺め、そのテーマについて考える」
F．「再びマインド・マップに向かい、Eで浮かんだ新しい考えを追加する」
G．「E～Fをくり返し、アイデアや解決策を探る」

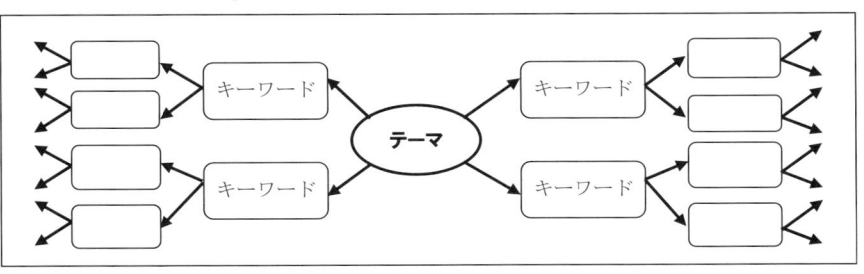

【図表6-17】マインド・マップの概略図

③　ブレインストーミング

　これは、前出の「チェックリスト法」と同じく、アレックス・オズボーンが1930年代に考案した発想技法です。この発想技法では、参加者が特定のテーマや視点について思考を思い切り発散させ、そこから得られる意見や考えを自由に出しあうことによって、共同でアイデアを生みだします。社内プロジェクト・チームのグループでの討議・検討に向いています。有名な技法なので、読者の方々の中には、ご存じか、既に経験されている方がおられるかもしれ

ません。

A．四つの原則

この発想技法では、参加者全員が自由闊達に発言することがなによりも重要です。そのため、すべての参加者は、以下の四つの原則を守ることが求められます。

a．他の参加者の自由な発想や発言を妨げないようにするため、批判や一方的な判断・結論づけは厳禁。

b．既成観念にとらわれないユニークで斬新なアイデアを歓迎。

c．質より量を重視。ユニークさや斬新さがないと思われるようなアイデアでも構わないので、参加者は思いつく限りをどしどし発言。

d．出されたアイデアを組み合せたり応用することによって、新しいアイデアを発展させることを奨励。

B．進め方

ブレインストーミングの進め方は、以下の表の通りです。日本創造学会のホームページから引用させていただきます。

【図表6-18】ブレインストーミングの進め方

1．テーマは細かく具体的なものにする。
2．部屋の机を全員の顔が見て座れるように並べる。
3．模造紙または黒板、できれば記録がコピーできる電子黒板を用意する。
4．リーダーが進行し、すべての発言を記録する。
5．メンバーは5～8名程度で編成し、なるべく異なった専門職で構成する。
6．自由に発言し、決して批判しない。
7．発言はすべて記録する。上にテーマを、そして番号をふり記入する。
8．記録係は発言を記録する際、キーワードを生かして要約する。
9．時間は多くても2時間以内。それ以上なら休憩を。
10．ブレインストーミングの評価は1日くらいおいてから、「独自性」と「可能性」で徹底的な判断で行う。

(出典) 日本創造学会のホームページ － 作成・高橋誠、参照・『創造力辞典』（日科技連出版社）

(4) 第1段階と第2段階の手法の整理

これまでに紹介しました「シーズ展開法」の手法とそのツールとして併用をお勧めする発想技法を、下表に整理します。

なお、第1段階の「自社の経営資源を展開して、顧客ニーズを満たす新しい姿やイメージを思い描く」に当たっても、必要に応じて、「マインド・マップ」と「ブレインストーミング」を併用されることをお勧めします。

【図表6-19】シーズ展開法の手法と発想技法一覧

	課題	手法（発想技法）	主な対象 製品	主な対象 サービス	主な対象 技術
第1段階	自社の経営資源を展開して、顧客ニーズを満たす新しい姿やイメージを思い描く	①埋もれた情報の掘り起こしと展開	○	○	○
		②欠点克服、理想実現、用途拡大	○	×	×
		③オズボーンのチェックリスト法	○	×	×
		④既存の製品・サービスのコンセプトと属性の変更	○	○	○
		⑤コア技術戦略（関連樹木法）	×	○	○
		⑥コラボレーション	○	○	○
第2段階	自社の経営資源を展開した新しい姿やイメージをヒントにして、アイデアを開発	○社内プロジェクト・チームの全員で創造力と知恵を振り絞る。 （併用をお勧めする発想技法） ・マインド・マップ ・ブレインストーミング	○	○	○

(注) 第1段階でも、必要に応じてマインド・マップとブレインストーミングを併用してみてください。

4．他社参考法

(1) 他社参考法の概要と留意点

他社参考法とは、他社の優れた製品・サービスや技術などの経営資源に関する情報（以下、「他社情報」と呼びます）とそれを展開した姿・イメージをヒントにして、法人顧客の顧客ニーズを満たす新製品・サービスのアイデアを開発する方法のことです。以下の①と②の二つの段階から構成されます。

なお、このような方法は、一般的には「模倣」と呼ばれる場合が多いと思われます。しかし、本書では、他社の製品・サービスを参考にはしますが、それを単に丸写しするのではなく、付加価値を加えた新製品・サービスを開発する場合を想定していますので、模倣という用語は避けて「他社参考法」と名付けました。

> 他社参考法とは、「他社情報」と「他社の経営資源を展開した姿・イメージ」をヒントにして、法人顧客の顧客ニーズを満たす新製品・サービスのアイデアを開発する方法

　また、他社参考法の活用に当たっては、以下の点にご留意ください。

　第一に、他社参考法の手法を活用できるのは、製品・サービスについては、他社とあなたの会社の間に大きな差異がある場合に限られます。両者の間に大きな違いがない場合には、「シーズ展開法」と「他社参考法」の各々の結果はほぼ同じとなるため、「シーズ展開法」での検討だけで十分です。

　第二に、技術については、参考にする他社の技術があまりに異質すぎたり、レベルがあまりに違いすぎたりしても困ります。それらの場合には、あなたの会社にとって参考になりにくいからです。ただし、あなたの会社が異質な技術やより高度な技術に積極的に取り組んでいくという方針でしたら、もちろん構いません。

① **第1段階**

　第1段階では、繰り返しになりますが、「他社情報を収集」すると共に、「他社の優れた製品・サービスや技術を展開して、法人顧客のニーズを満たす新しい姿・イメージを思い描き」ます。つまり、まず「他社情報を収集」して、それを参考にします。しかし、それだけではつまりません。もう一捻りして、他社の製品・サービスや技術をあなたの会社なりに展開して、顧客ニーズを満たす新しい姿やイメージを思い描くのです。それが、あなたの会社としての付加価値となります。具体的な手法については、(3)（→185頁）で後述します。

② **第2段階**

　第2段階では、第1段階で得た「他社情報」と「他社の経営資源を展開した姿・イメージ」をヒントにして、新製品・サービスのアイデアを開発します。そのための具体的な手法については、(4)（→188頁）で後述します。

第6章　法人向けの新製品・サービスのアイデア開発法

【図表6-20】他社参考法の構造

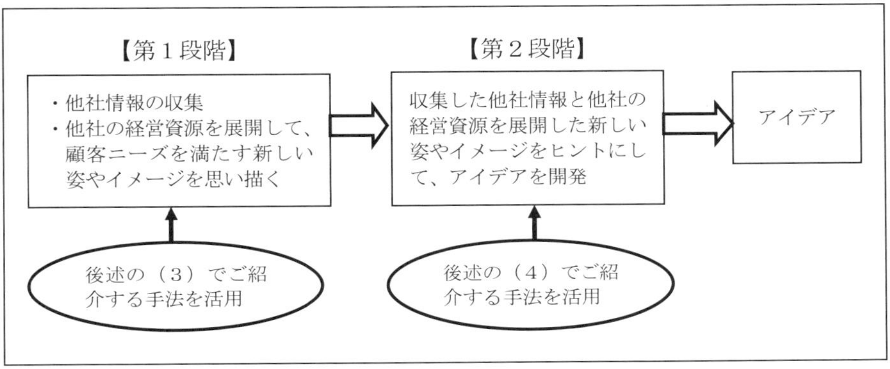

【第1段階】
・他社情報の収集
・他社の経営資源を展開して、顧客ニーズを満たす新しい姿やイメージを思い描く

後述の（3）でご紹介する手法を活用

【第2段階】
収集した他社情報と他社の経営資源を展開した新しい姿やイメージをヒントにして、アイデアを開発

後述の（4）でご紹介する手法を活用

→ アイデア

(2) 知的財産権

　新製品・サービスや新技術の開発は、特許権、実用新案権、意匠権（デザイン）、商標権などの知的財産権および不正競争防止法と密接に関係していますので、それに関する理解が不可欠です。

　ついては、他社参考法の各手法をご紹介する前に、それぞれの制度について概略した上で、それらの権利や法律を侵害した場合の「罰則」と新製品・サービスや新技術を開発する際の「留意点」について、説明しておきたいと思います。（なお、ITを活用した新サービスについては、いわゆるビジネスモデル特許に留意する必要がありますが、それについては本書では触れません。）

① 知的財産権と不正競争防止法の概要

Ａ．知的財産権

　製品・サービスの開発に直接関連する主な知的財産権は、次の表の通りです。詳細は他の専門書に譲ります。

【図表6-21】主な知的財産権の概要

	特許権	実用新案権	意匠権	商標権
保護対象	発明	考案	意匠（デザイン）	商標
	自然法則を利用した技術的なアイデアのうちの高度なもの	自然法則を利用した技術的なアイデアで、物品の形状、構造、または組合せに関するもの	物品の形状、模様、または色彩からなるデザイン	文字、図形、記号、立体的形状、または色彩からなるマークで、事業者が「商品」や「サービス」について使用するもの
登録の要否	要	要（無審査）	要	要
保護期間	出願から20年	出願から10年	登録から20年	登録から10年（更新可能）

（出典）「2009年度版　中小企業診断士スピードテキスト5　経営法務」ＴＡＣ中小企業診断士講座編　ＴＡＣ出版　p.175

Ｂ．不正競争防止法

　不正競争防止法は、事業者間の不正な競争を防止するための法律です。同法では、製品については、特許権や意匠権などを取得していない製品を模倣から保護するため、他社の製品の形態を模倣した製品（デッドコピー）を勝手に提供することなどを禁止しています。詳細は省略します。

②　違反に対する罰則

Ａ．特許権の侵害

　　知的財産権を侵害した場合には、民事上と刑事上のさまざまな罰則が科せられます。その内、特許権に関連する罰則は下表の通りです。

【図表6-22】特許権侵害に関する民事上の救済措置と刑事罰

民事上の救済措置	損害賠償請求権	特許権者は、特許権を侵害された場合、侵害者に対して損害賠償を請求することができる。
	差止請求権	特許権者は、特許権を侵害する者あるいは侵害するおそれのある者に対して、現在および将来における侵害行為の差止めを請求することができる。また、侵害品の廃棄や侵害品の製造設備の廃棄を求めることができる。
	信用回復	特許権者は、侵害者による粗悪品の販売などの侵害行為によって業務上の信用を害した場合には、新聞への謝罪広告の掲載など、業務上の信用を回復するのに必要な措置を請求することができ、裁判所はその旨を命じることができる。
	不当利益返還請求	特許権者は、侵害者が侵害行為によって不当に得た利益の返還を請求することができる。不当利得返還請求権の時効は10年であり、損害賠償請求権の時効（知ったときから3年）よりも原則長くなっている。
刑事上の罰則	侵害の罪	特許権を侵害した者は、刑事罰として10年以下の懲役または1,000万円以下の罰金に処せられる。また、その法人に対しては、3億円以下の罰金が科せられる。

(出典)『産業財産権標準テキスト（総合版）第4版』特許庁企画　（独）工業所有権情報・研修館、発明推進協会制作（2012）p.169

B．不正競争防止法の違反

不正競争防止法に違反すると、たとえば下表のような民事上と刑事上の罰則が科せられます。

【図表6-23】不正競争防止法上の罰則

民事責任	販売差止め、損害賠償
刑事罰	10年以下の懲役、1000万円以下の罰金（併科あり） 5年以下の懲役、500万円以下の罰金（併科あり）
法人処罰	3億円以下の罰金

③ 開発上の留意点
A．他社の知的財産権の尊重

新製品や新技術を開発する場合には、他社の知的財産権を侵害したり不正競争防止法に違反したりしないように、くれぐれも注意する必要があります。特に他社の製品・サービスや技術を参考にする「他社参考法」を活用して開発する場合には、なお一層ご注意ください。

また、善意での侵害や違反にも気をつける必要があります。つまり、他社の製品や技術を真似たり参考にしないで新製品や新技術を開発したとしても、偶然に他社の特許などの権利を侵害する二重開発になる場合があるということで

第3部　法人向け新製品・サービスのアイデア開発

す。その場合には、あなたの会社は善意ではありますが、上記のような罰則が適用される恐れがあります。投下した資金はすべて無駄になり、莫大な損害賠償を支払うことにもなりかねません。

　そのような事態を避けるには、新製品や新技術の開発に当たって弁理士事務所など外部の専門機関に相談することが第一です。その他、あくまでも簡便的なものですが、自社で先行技術や権利取得の状況について調査する方法もあります。その場合には、たとえば特許庁ホームページの「特許電子図書館」を利用すると便利です。ちなみに、権利者とライセンス契約を締結すれば、他社の知的財産権を利用することが可能になります。

【図表6-24】（独）工業所有権情報・研修館ホームページの「特許電子図書館」

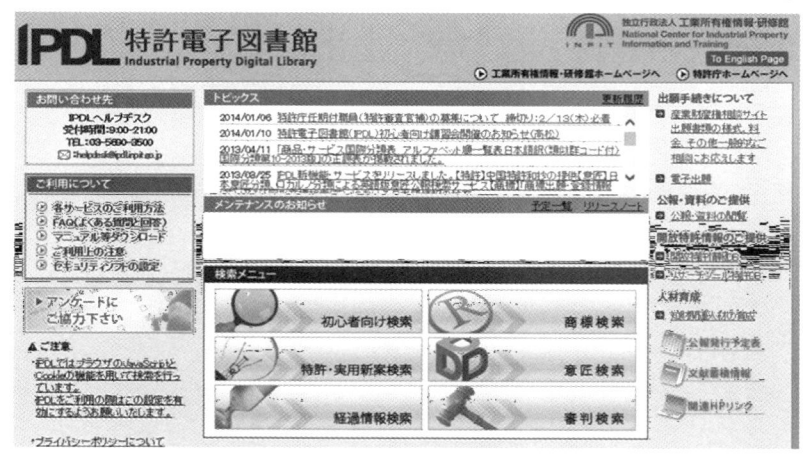

（出典）（独）工業所有権情報・研修館のホームページ。なお、2015年3月から新サービスが開始され、それに伴ってこのホームページは変更される模様です。

B．自社の知的財産の保全

　あなたの会社が独創的な新製品や新技術を開発した場合には、他社に模倣されたりしないように知的財産として登記するのがオーソドックスな方法です。

　知的財産権を取得するには費用もかかりますし、情報が公開され競合他社に筒抜けになるというリスクがありますので、敢えて知的財産権を取得しないという選択肢も考えられます。しかし、その場合には、言うまでもありませんが、他社があなたの会社の製品や技術を模倣したり、自社で開発した知

的財産として登記する危険性は排除できません。

(3) **第1段階のための具体的な手法**

第1段階で活用する手法は以下の通りです。①と②はそれぞれ、「他社情報の収集」と「他社の経営資源の展開」のための手法です。

① **他社情報の収集**

「他社情報を収集」するための手法として、「情報源」、「対象企業」、および「情報の視点」についてご紹介します。

A．情報源

ａ．マスメディアやインターネットの情報

新聞（日本経済新聞などの経済紙、業界紙、一般紙）、ビジネス誌、テレビなどのマスメディアから、他社の新製品・サービスや新技術に関する情報を日々得ることができます。

また、インターネットは情報の宝庫です。国内外の製品・サービスや技術に関する生きた情報にいつでもアクセスが可能です。たとえば科学技術振興機構（JST）のホームページでは、同機構が保有するデータベースにアクセスしてさまざまな情報を入手することができます。

【図表6-25】科学技術振興機構のデータベース・サービス

（出典）同機構のホームページ

b．知的財産権に関する公開情報

　　知的財産権に関するさまざまな公報が発行されています。たとえば特許については、出願状況に関する公開特許公報、特許が認められた案件に関する特許公報があります。それらの公報を通じて、他社が出願した案件、出願が認められた案件、出願が拒絶された案件などを知ることができます。

　　それらの情報を得るには、あなたの会社の近くの弁理士に依頼する方法や、前出の「特許電子図書館」を訪れて、自分で取りあえず調べるという方法があります。

c．展覧会や視察で得られる情報

　　国内外の展覧会、展示会、見本市、新製品発表会などで、最新の製品・サービスや技術の動向について知ることができるでしょう。また、国内外の企業、団体、研究機関などへの視察旅行で、斬新なアイデアや面白いアイデアに触れることができるかもしれません。

d．研究機関、研究者、専門家から得られる情報

　　さまざまな研究機関や研究者が、製品・サービスや技術に関する調査結果や論文を日々発表しています。また、さまざまな分野の専門家から、各業界の製品・サービスや技術の動向などについてヒアリングすることも可能です。

e．各社の開示情報

　　各社のホームページからは、製品・サービスや技術に関するさまざまな情報を簡単に入手することができます。さらに、上場している企業であれば、決算短信、有価証券報告書、ニュースリリース、ＩＲ説明会資料といった開示情報からも、製品・サービスや技術の開発戦略を含めて貴重な情報を得ることが可能です。

f．製品の現物から得られる情報

　　廉価な製品であれば、現物を購入し実際に使ってみて、機能や性能について調べてみてはいかがでしょうか。また、可能であれば、それをばらばらに分解して内部構造、部品、技術、サプライヤーなどを徹底的に調べることも一考です。

　　この方式は「リバースエンジニアリング」とか「テアダウン」と呼ばれ、

さまざまな業界で普通に行われているようです。ただし、あなたの会社でそれを行なうに当っては、他社の知的財産権を侵害しないようくれぐれもご留意ください。

B．対象企業と情報の視点

　他社情報を集める対象は、国内の同業他社ばかりではありません。国内の異業種他社および国外の同業他社や異業種他社も、可能な限り対象とします。

　他社情報として収集すべき情報は、下表に記載したような情報です。過去・現在・未来にわたって、新製品・サービスや技術の研究開発への取組みと成功・失敗の理由、製品・サービスの種類、コンセプト、属性、長所・短所などの視点から、幅広い情報を集めます。

【図表6-26】他社情報の対象と主な視点

対象	過去	現在	未来
○国内外の同業他社 ○国内外の異業種他社	○研究開発 　・新製品・サービスや新技術の研究開発の課題と取組み状況 　・上記の成功と失敗の理由 ○新製品・サービス 　・種類、コンセプト、属性、長所・短所 　・成功と失敗の理由			

② 他社の経営資源の展開

　「他社の経営資源の展開」のための手法は、以下の通りです。

A．欠点克服、理想実現、用途拡大

　他社の製品・サービスや技術について、その欠点を直したり、理想を追求したり、用途を拡大したりすることによって、顧客ニーズを満たす新しい製品・サービスや技術を思い描きます。各々の詳細については「シーズ展開法」の説明をご参照ください。

B．オズボーンのチェックリスト

　オズボーンのチェックリストを活用して、他社の製品をさまざまな視点から見つめ直して、顧客ニーズを満たす新しい姿やイメージを創りだします。詳細については「シーズ展開法」の説明をご参照ください。

C．既存の製品・サービスのコンセプトと属性の変更

これは、まず、入手可能な情報にもとづいて他社の製品・サービスのコンセプトや属性をくわしく分析します。そして、次に、それらのコンセプトや属性を変更してみることによって、顧客ニーズを満たす新しい製品・サービスの姿を思い描くのです。詳細については「シーズ展開法」の説明をご参照ください。

D．コア技術戦略

他社の立場にたって現在のコアの技術やサービス・スキル（技能）を今後どのように発展させていくか、思い描きます。詳細については「シーズ展開法」の説明をご参照ください。

ただし、あなたの会社が他社のコア技術やコア・スキルについて非常に詳しく知っていることが、この手法の前提となります。そうでなければ、この手法は役に立ちません。

(4) 第2段階のための具体的な手法

第2段階では、第1段階で得た「他社情報」と「他社の経営資源を展開した姿・イメージ」をヒントにして、新製品・サービスのアイデアを開発します。

その際、社内プロジェクト・チームの全員で創造力と知恵を振り絞ることになりますが、それをより効率的・体系的に行うには、たとえば「シーズ展開法」で紹介しました「マインド・マップ」や「ブレインストーミング」を活用すると大変有益です。

(5) 第1段階と第2段階の手法の整理

これまでに紹介しました「他社参考法」の手法とそのツールとして併用をお勧めする発想技法を、下表に整理します。

なお、第1段階の「他社情報の収集」には、発想技法は特に必要ではありません。しかし、それらの情報を分析する場合には、「マインド・マップ」や「ブレインストーミング」を活用すると便利です。また、「他社の経営資源を展開して新しい姿を思い描く」に当たっても、必要に応じて、これらの発想技法を併用されることをお勧めします。

第6章　法人向けの新製品・サービスのアイデア開発法

【図表6-27】他社参考法の手法と発想技法一覧

	課題	手法（発想技法）	主な対象 製品	主な対象 サービス	主な対象 技術
第1段階	他社情報の収集	①マス・メディア、インターネット、知的財産権の公開情報、展覧会・視察、研究機関・専門家、製品の現物などから情報収集	○	○	○
	他社の経営資源を展開して、顧客ニーズを満たす新しい姿やイメージを思い描く	②欠点克服、理想実現、用途拡大	○	○	○
		③オズボーンのチェックリスト	○	×	×
		④既存の製品・サービスのコンセプトと属性の変更	○	○	○
		⑥コア技術戦略　（関連樹木法）	×	○	○
第2段階	収集した他社情報と他社の経営資源を展開した新しい姿やイメージをヒントにして、アイデアを開発	○社内プロジェクト・チームの全員で創造力と知恵を振り絞る。 （併用をお勧めする発想技法） ・マインド・マップ ・ブレインストーミング	○	○	○

（注）第1段階でも、必要に応じてマインド・マップとブレインストーミングを併用してみてください。

第7章 アイデアの選定とコンセプトの開発

　本章では、前章の方法で開発された法人向けの新製品・サービスのアイデアの「検証と選定」から「コンセプトの決定」までのプロセスについて、順を追ってご紹介します。

　なお、本章の構成は第5章と類似していますが、内容はまったく異なっています。その点を前もっておことわりしておきます。

> 1．アイデアの検証と選定（アイデア・スクリーニング）
> 2．コンセプト・シートの作成
> 3．コンセプト・テストとコンセプトの決定

1．アイデアの検証と選定（アイデア・スクリーニング）

　前章で紹介しました手法を活用すると、法人向けの新製品・サービスのアイデアがたくさん出てくると思います。それらのアイデアは玉石混交なので、社内のアイデア評価委員会などでフィルター（選定基準）にかけて取捨選択する必要があります。

　以下、下図に沿ってフィルターについてご説明した上で、「シーズ展開法」と「他社参考法」で開発したアイデアについて、どのようにして選定するかご説明します。（なお、前章での説明の通り、「ニーズ発見法」は顧客ニーズを発見するための手法であり、アイデアを開発するための手法ではありません。そのため、アイデア・スクリーニングの対象からは除かれます。）

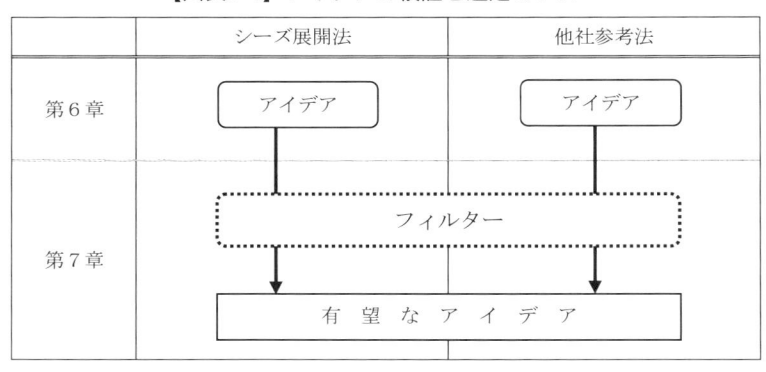

第3部　法人向け新製品・サービスのアイデア開発

【図表7-1】アイデアの検証と選定のフロー

	シーズ展開法	他社参考法
第6章	アイデア	アイデア
第7章	フィルター → 有望なアイデア	

(1) **アイデア選定のフィルター**

アイデアを選定するためのフィルターとしては、「経営理念、事業領域、社会公共性」、「顧客ニーズ」、「実現可能性」、「他社との競合」、「採算性」の五つが考えられます。

① **経営理念、事業領域、社会公共性**

A．**経営理念**

　アイデアを具現化した新製品・サービスが、会社の憲法とも言える経営理念に沿っていることは当然です。そうでない場合には、原則として没（ボツ）にします。

B．**事業領域**

　アイデアが現在の事業領域の範囲内かどうか明らかにします。ただし、現在の事業では範囲外だとしても、今後事業領域を広げるという選択肢もあるので、直ちに没という訳ではありません。今後の事業展開を勘案して判断しましょう。

> **【参考情報】事業領域（事業ドメイン）**
>
> 　事業領域とは、読んで字のごとく事業の基本的な領域のことです。一般的に、①ターゲットとする顧客・市場（WHO）、②提供する顧客価値（WHAT）、③それを実現する事業システムや技術など（HOW）、によって定義されます。
> 　多くの読者の方々が、この定義を見て、第3章で前述しました製品・サービスのコンセプトの定義と（TPOが含まれないだけで）大差ないことに気付かれたことと思います。しかし、製品・サービスはそもそも事業領域に基づいて開発・販売するものなので、両者の間に大差がなくてもなんら不思議ではありません。むしろ両者が大きく異なるほうが問題です。
> 　なお、事業領域をあまりに狭い範囲で定義したり、あまりに細かく定義しすぎると、会社の将来の成長やせっかくのビジネス・チャンスを逃す危険性もありますので、ご注意ください。また、事業領域は、長期にわたって固定的に維持すべきものではなく、外部環境と内部環境の変化に応じて、柔軟に、しかし慎重に修正する必要があります。

C．社会公共性

　アイデアを具現化した新製品・サービスの社会的な意義について、社会の健全な発展に寄与するか、法律や公序良俗に反しないかといった観点から、チェックします。

② 顧客ニーズ

　受注生産・受注型の製品・サービスでもっとも欠かすことのできない法人顧客の「顕在ニーズ」については、「ニーズ発見法」によって一応は確認が済んでいます。しかし、ここで、アイデアを具現化した新製品・サービスが本当に顧客ニーズを満たすかどうか、念のため再度チェックしましょう。

③ 実現可能性

　どんなに面白いアイデアでも、実際の製品・サービスとして実現できなければ仕方ありません。そのためには、アイデアは以下の条件を満たす必要があります。

A．技術、スキル

　自社の現有の技術やスキルで、アイデアを新製品・サービスとして設計し開発できることが必要です。ただし、現在の能力では開発が困難な場合には、将来の技術開発やスキル開発の目途がたつかどうかがポイントとなります。

(ちなみに、技術については、将来的にも自前での開発が困難な場合には、他社や研究機関などから特許などの使用許諾を受けることも一考です。)

B．生産能力、運営能力

自社の現有の設備や人的能力で生産やサービスの提供が可能かどうか、チェックします。

現在の設備や人的能力では生産が困難な場合には、今後の設備投資や人材開発で対応できるかどうかで判断します。膨大な設備投資や人的投資が必要であれば、問題です。(ちなみに、自社ですべてを生産したり提供するのではなく、他社へ一部を生産委託したり運営委託するアウトソーシングという方法もあります。)

④ 他社との競合

ここでは、他社との競合が今後予想されるかどうか、チェックします。その場合のポイントは、法人顧客の意向とあなたの会社の技術や製品・サービスの差別化の観点です。あなたの会社と法人顧客の間に人的、資本的な強い結びつきがあれば、他社との競合上大変有利です。また、あなたの会社の技術や製品・サービスが他社よりも圧倒的に優れていれば、他社を恐れる必要はありません。

⑤ 採算性

どんなに素晴らしい製品・サービスでも、そもそも採算がとれなければ話になりません。

それには、たとえば次のような手順でおおまかに見積もりをすることが必要です。なお、正確なシミュレーションはなかなか難しいので、この段階では、厳密性にあまりこだわる必要はありません。より厳密なシミュレーションは、本書の範囲外ですが、「具体化段階」の「事業・採算性分析」で行うことになります。ただし、楽観的な予想は避け、できるだけ保守的、控えめな予想にしてください。

まず、アイデアを具体化した場合、法人顧客の計画や意向からはどの程度の売上が期待できるか、以下のような式を利用して積算します。

第7章　アイデアの選定とコンセプトの開発

> 売上高（年間）＝予想受注数×予想単価

次に、利益（営業利益）についても、おおまかにシミュレートします。その際、当然ながら、開発コスト、開発期間などの予測も必要です。

> ・営業利益＝発売後5年間の売上高の現在価値ーそれまでの開発コストを含めた費用合計（売上原価と販管費）の現在価値

(2) アイデアの選定

「シーズ展開法」と「他社参考法」のいずれの方法で開発したアイデアも、上述しました五つのすべてのフィルターを通して選定します。

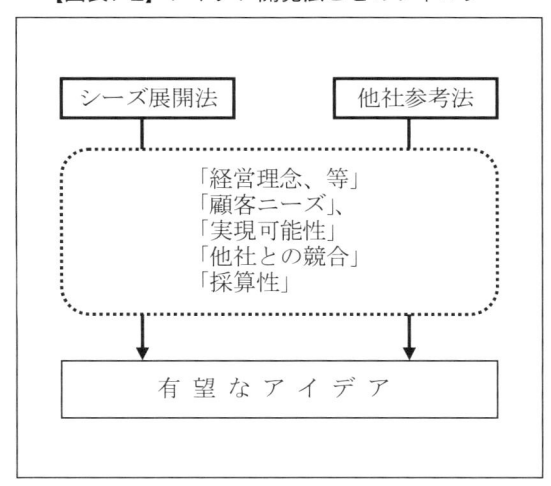

【図表7-2】アイデア開発法ごとのフィルター

```
┌─────────────────────────────────┐
│  ┌─────────┐     ┌─────────┐    │
│  │シーズ展開法│     │他社参考法│    │
│  └────┬────┘     └────┬────┘    │
│       │               │         │
│     ┌─┴───────────────┴─┐       │
│     │ 「経営理念、等」    │      │
│     │ 「顧客ニーズ」、    │      │
│     │ 「実現可能性」     │      │
│     │ 「他社との競合」   │      │
│     │ 「採算性」        │       │
│     └─────────┬─────────┘       │
│               ↓                 │
│     ┌─────────────────┐         │
│     │  有望なアイデア  │         │
│     └─────────────────┘         │
└─────────────────────────────────┘
```

ちなみに、上記のフィルターを使った評価シートとしては、以下のような例が考えられます。ご参考にしてください。

195

【図表7-3】アイデアの評価シートの例

\[アイデア\] _____		
\[アイデア開発法\]	□ シーズ展開法　　□ 他社参考法	
経営理念、等	経営理念	□ 適合　　　　□ 不適合
	事業領域	□ 適合 □ 不適合　→　将来、□ 適合、□ 不適合
	社会公共性	□ 問題なし　　□ 問題あり
顧客ニーズ		□ 合致　　　　□ 不一致 具体的な内容：_____
実現可能性	技術面 スキル面	□ 可能 □ 困難　→　将来、□ 可能、□ 困難
	生産面	□ 可能 □ 困難　→　将来、□ 可能、□ 困難
他社との競合		□ 競合の可能性なし 　　［理由：_____］ □ 競合の可能性あり　→　差別化 　　　　　　　　　　　　□ コンセプトでの差別化 　　　　　　　　　　　　□ 属性での差別化 差別化の内容：_____
採算性		□ あり　　　□ なし ・予想売上高（年間）_____百万円 ・予想営業利益（○年間）_____百万円

(3) アイデア選定上の留意点

　アイデア選定の狙いは、見込みのないアイデアをふるい落として、見込みのあるアイデアに絞り込むことにあります。生き残ったアイデアは、今後多くのコストと時間と手間をかけて新製品・サービスとして具体化していきますので、見込みのないアイデアは早い段階で除外してしまいます。

　一方で、有望なアイデアを除外してしまうミスを「ドロップエラー」、有望ではないアイデアを選定してしまうミスを「ゴーエラー」と呼びます。「ドロップエラー」は、選定が厳しすぎる場合に発生し、「ゴーエラー」は、逆の場合に発生します。したがって、選定があまり厳格になりすぎないように、またあ

まり寛大になりすぎないように気をつけてください。その際、将来も含めた顧客ニーズに合致するか否かが、有望なアイデアかどうかの判断の最大のポイントとなります。どんなにすばらしいアイデアでも、それに対する法人顧客の顧客ニーズがまったく予見できなければ、無用の長物です。

なお、その場合には、他の法人顧客にそのアイデアに対するニーズがないか、念のため検討してみるのも一考です。

2．コンセプト・シートの作成

上記に沿って有望なアイデアの選定が終わりましたら、次に、それらのアイデアをコンセプト・シートに整理します。既存の製品・サービスを一部改良するアイデアについても、コンセプトが大きく変わっている訳ではありませんが、コンセプトを再確認するという狙いから同シートに整理しましょう。

コンセプト・シートの様式は特に決まっていません。したがって、自由に作成してもよいのですが、以下の項目だけは漏れないようにご注意ください。

(1) **コンセプト**

コンセプトの四つの要素、すなわち「誰に（予定される法人顧客）」、「どんな場面で」、「どんな方法で」、「どんな価値を」について記入します。

(2) **図形と実施手順**

製品については、必要であれば、ラフスケッチ、デッサンなどの図形を記載あるいは添付します。より分かり易くするため、実物大の模型やひな形を準備することもあります。

サービスについては、必要に応じて、実施手順や必要なハード（設備・機器・器具等）とソフトについても記入します。

(3) **法人取引先の顧客ニーズの状況**

このコンセプトに対する法人顧客の顕在ニーズの状況について、詳しく記入します。コンセプトの「どんな価値を」が、ニーズ発見法で発見した顧客ニーズを実際に満足させることができるかどうかがポイントです。

(4) **競合と差別化**

他社との競合や製品・サービスの差別化についても、改めて確認します。

① **競合の状況**

競合の状況については、競合の見通しを含めて前述の「選定のフィルター」の一つとしてチェック済です。

② **コンセプトあるいは属性の面での差別化**

あなたの会社のアイデアは、競合会社のアイデアよりもコンセプトや属性の面で優れていることが重要です。劣っている場合には対策が必要となりますので、予想される競合他社についてその動きを含めて記入します。

③ **生産管理面での優劣**

生産財の場合には、あなたの会社のアイデアが競合他社のアイデアより優れているとしても、もしQ（品質）、C（コスト）、D（納期）の面で劣っていれば、大きな問題となります。あなたの会社のQCDの対応力についても検討すると共に、競合他社の対応力についても記入します。

ちなみに、コンセプト・シートとしては、たとえば以下のような様式が考えられます。

【図表7-4】製品のコンセプト・シートの例

［アイデア］			
だれに	どんな場面で	どんな方法で	どんな価値を
図形等		法人取引先の顧客ニーズの状況	
競合と差別化	○競合の状況 ○コンセプトや属性面での差別化 ○生産管理面での優劣		
・開発アプローチ（用途開発、小幅な改良、大幅な改良、新規開発、市場初の新規開発） ・アイデア開発法（シーズ展開法、他社参考法）			

第7章　アイデアの選定とコンセプトの開発

【図表7-5】サービスのコンセプト・シートの例

[アイデア]			
だれに	どんな場面で	どんな方法で	どんな価値を

実施手順等	法人取引先の顧客ニーズの状況
＜実施手順＞ ＜必要なハード、ソフト＞	

競合と 差別化	○競合の状況 ○コンセプトや属性面での差別化

・開発アプローチ（用途開発、小幅な改良、大幅な改良、新規開発、市場初の新規開発）
・アイデア開発法（シーズ展開法、他社参考法）

3．コンセプト・テストとコンセプトの決定

　前出のコンセプト・シートが完成しましたら、売込先として予定する法人顧客にコンセプトを提示して評価してもらいます。良好な評価が得られれば、合格です。（なお、コンセプトを提示する際には、あなたの会社の競合会社に情報が漏れないようにするため、その法人顧客と守秘義務契約を締結するなどの対策を講じるほうが無難です。）

4．第6章と第7章の締め括り

　フィリップ・コトラー氏が、『マーケティング・マネジメント』という著書の中で、個人向けの製品についてのアイデアの合格率について紹介しています。それによりますと、初期の64のアイデアの中で、それぞれの段階を生き残って最終的に全国発売に至るのは、せいぜい二つしかないとのことです。その他、合格率は千三つ、つまり千のアイデアの中で三つしか残らないと言う人もいます。どちらの見方が正しいにせよ、個人向けの製品については、初期のアイデアのほとんどが途中で脱落するということは間違いありません。

199

【図表7-6】製品のアイデアの合格率

段　階	アイデア数	合格率
アイデア・スクリーニング	64	1：4
製品コンセプト・テスト	16	1：2
製品開発	8	1：2
テスト・マーケティング	4	1：2
全国販売	2	

（出典）『マーケティング・マネジメント［第7版］』フィリップ・コトラー著　村田昭治 監修　小阪恕、疋田聰、三村優美子 訳　プレジデント社（1996）p.258

　しかし、受注生産型の生産財については、特定の法人顧客と事前に相談したり、そのニーズや意向をくみ取りながらアイデアを開発することになるので、状況はまったく異なります。したがって、上記の指摘は当てはまりません。

　一方、あなたの会社が生産財の見込生産に従事している場合には、上記の指摘がある程度活きてきます。その場合には、歩留まりを考えて、新製品の初期のアイデアを何十、何百とできるだけたくさん開発する必要があります。あなたの会社の今後5年、10年、15年、20年間の成長と発展のためには、どれだけたくさん開発しても決して多すぎるということはありません。

事項索引

アルファベット

PPM →プロダクト・ポートフォリオ・マネージメント
SWOT分析………106
TPO………42

あ

アイデア開発法の相互関係………157
アイデア・コンテスト………84
アイデア・スクリーニング………191
アイデア・スクリーン………141
アイデア選定のフィルター………142, 192
アイデアの評価シート………146, 196
アイデア発想技法………85, 175
アイテム拡張………112
アンゾフの成長ベクトル………63
異業種参考法………132
意匠権………122, 181
イノベーションの七つの機会………137
イノベーションの民主化………82
イメージ属性………16, 23
埋もれた情報………165
埋もれているシーズ情報………93
大幅な改良………57
オープン・イノベーション………81, 117

か

解決手段ニーズ………30, 160
買取り品………4

外部環境………107
改良………52, 57
価格属性………16, 23
隠し研究………94
カテゴリー拡張………111
金のなる木………65
カリバリズム→共食い
観察法………80
関連樹木法………105, 173
希少価値………36
貴重価値………36
機能的属性………15
規模の経済性………45
基本機能………19
基本サービス………24
基本方針………62
競争の基本戦略………44
具体化段階………38
グループ・インタビュー………80
クロス・マーチャンダイジング………132
経営資源………89, 164
経営者が持っているシーズ情報………92
経験曲線効果………45
欠点克服………94, 167
顕在ニーズ………31
原材料………9
コア・サービス→基本サービス
コア技術戦略………103, 172
構想段階………38

行動的変数………40
ゴーエラー………147, 196
顧客価値………34
顧客ニーズ………30
顧客ニーズの三段階分類………30
顧客満足度調査………84
個人向けのサービス………7
個人面接法………79
コスト集中戦略………45
コスト・リーダーシップ戦略………45
小幅な改良………57
コラボレーション………118, 174
コンセプト………37
コンセプト・シート………147, 197
コンセプト・テスト………149, 199
コンセプトの変更………97, 171

さ

サービス業の13業種………8
サービス属性………16
サービスの３Ｐ………25
サービスの五つ属性………22
サービスの基本形………23
サービスの特徴………22
サービス分析シート………97
採算性………144, 194
サブ・サービス→補助サービス
差別化集中戦略………45
差別化戦略………45
シーズ情報………88
シーズ展開法………88, 164
事業領域………142, 192
刺激語法………116

自社にとってのニーズ………162
市場開拓戦略………63
市場浸透戦略………63
市場セグメント………39
市場の細分化………39
市場初の新規開発………52
実現可能性………143, 193
実査法→質問法
質問法………79
実用新案権………122, 181
資本財………9
社員・家族提案制度………84
社会の変化への対応………116
社内プロジェクト・チーム………78
集合法………79
集団面接法→グループ・インタビュー
集中戦略………45
周辺的属性………23
手段改善ニーズ………30, 160
受注生産………7, 12
使用機能………18
消費財………4
消費者モニター調査………84
商標権………122, 181
情報分析法………134
消耗品………9
新規開発………52, 60
人口統計的変数………40
心理的変数………40
生産財………9
製品アイテム………6
製品開発戦略………63
製品カテゴリー………5

製品・サービスの差別化………44
製品のアイデアの合格率………152, 200
製品の五つの属性………15
製品の基本形………17
製品の特性………15
製品の三つの階層………18
製品の要素………15
製品のライフサイクル………101
製品分析シート………96
製品ライン………6
ゼロ志向ニーズ………33
潜在ニーズ………31
専門品………4
属性の変更………99, 171

た
タウン・ウォッチング法………80
多角化戦略………63
他社参考法………120, 179
他社情報………120
チェックリスト法………94, 167
知的財産権………122, 181
中核的サービス………22
中間財………9
直接観察法………80
地理的変数………40
デアダウン………128, 186
デザイン→意匠権
デザイン特性………15
電話法………79
特注品………156
特許権………122, 181
特許電子図書館………125, 184

共食い………70
ドロップエラー………147, 196

な
内部環境………107
ニーズ情報………76, 161
ニーズ情報の源泉………77
ニーズ対応法………75
ニーズ発見法………158
ニッチ市場………39

は
バージョンアップ………58
発想法→タウン・ウォッチング法
花形………65
バリュー・チェーン………10, 12
範囲の経済性………45
汎用品………156
品質価値………36
不正競争防止法………123, 182
付属的属性………22
プラス志向ニーズ………33
ブレインストーミング………87, 177
プロダクト・ポートフォリオ・マネージメント………64
法人市場の細分化………41
法人の顧客ニーズ………158
法人向けサービス………13
ポジショニング………67, 99, 130
ポジショニング・マップ………67
補助機能………19
補助サービス………24
ボノマとシャピロによる区分………41

203

保有価値………36

ま

マーケティング・ミックス………25
マイルズの公式………34
マインド・マップ………86, 176
負け犬………65
マスカスタマイゼーション………156
マズローの欲求段階説………113
マッカーシーの4P………25
見込生産………6, 12
魅力機能………18
無形財………3
面接法………79
モデルチェンジ………58
最寄品………4
問題解決ニーズ………30, 158
問題児………66

や

有形財………3
郵送法………79
用途開発………52, 53
用途の拡大………94, 167

ら

ライフサイクル・コスト………35
ライン拡張………112
リード・ユーザー………77
理想実現………94
理想実現………167
リバースエンジニアリング………128, 186

留置法………80
利用価値………36
ロジックツリー→関連樹木法

【主な参考文献】

（五十音順、敬称略）

- 『イノベーションと企業家精神』 P．F．ドラッカー 著 小林宏治 監修 上田惇生・佐々木実智男訳 ダイヤモンド社（1985）
- 『必ず売れる！ 生産財営業の法則100』 船井総合研究所・片山和也 著 同文館出版（2007）
- 『現代商品論［第２版］』 貝目洋子・神原恵 編著 大原悟務・朴宰祐・大平修司 著 白桃書房（2010）
- 『サービス・マーケティング』 近藤隆雄 著 生産性出版（2008）
- 『サービス・マネジメント入門』 近藤隆雄 著 生産性出版（1995）
- 『産業財産権標準テキスト（総合版）第４版』 特許庁企画（独）工業所有権情報・研修、発明推進協会制作（2012）
- 『社長業』 牟田学 著 産業能率大学出版部（1982）
- 『ステップアップ式ＭＢＡマーケティング入門』 バルーク・ビジネス・コンサルティング編 高瀬浩 著 ダイヤモンド社（2005）
- 『図解でわかる部門の仕事 マーケティング部』 大木英男夫 監修・著 白川滉・田部正孝 著 日本能率協会マネジメントセンター（2008）
- 『図解でわかる部門の仕事 研究開発部』 中村信博 著 日本能率協会マネジメントセンター（2002）
- 『知のノウハウ 商品力開発力をつける』 岩間仁 著 日本経済新聞社（1997）
- 『中小企業診断士スピードテキスト１ 企業経営理論』 ＴＡＣ中小企業診断士講座 編 ＴＡＣ出版（2009年度版）
- 『中小企業診断士スピードテキスト３ 運営管理』 ＴＡＣ中小企業診断士講座 編 ＴＡＣ出版（2008年度版）
- 『中小企業診断士スピードテキスト５ 経営法務』 ＴＡＣ中小企業診断士講座 編 ＴＡＣ出版（2009年度版）
- 『超発想法』 野口悠紀雄 著 講談社（2000）
- 『日経文庫 商品開発の実際』 高谷和夫 著 日本経済新聞社（2002）

- 『日経文庫　製品開発の知識』　延岡健太郎 著　日本経済新聞出版社（2009）
- 『日経文庫　発想法入門』　星野匡 著　日本経済新聞出版社（2010）
- 『発明を生む基本書』　さとう秀徳 著　発明推進協会（2012）
- 『ヒット商品が面白いほど開発できる本』　太田昌宏 著　中経出版（2007）
- 『ヒット商品を生み、ベストセラー、ロングセラーにするための条件』　西田弘 著　産能大学出版部（1997）
- 『プロダクトイノベーション』　岩間仁 著　ダイヤモンド社（1996）
- 『マーケティング・マネジメント［第7版］』　フィリップ・コトラー 著　村田昭治 監修　小阪恕・疋田聰・三村優美子 訳　プレジデント社（1996）
- 『マーケティング原理　第9版』　フィリップ・コトラ、ゲイリー・アームストロング 共著　和田充夫 監訳　ダイヤモンド社（2008）
- 『マーケティング総論』　柏木重秋 著　同文館出版（2000）
- 『マネジメント【エッセンシャル版】―基本と原則』　P．F．ドラッカー著　上田惇生 編訳　ダイヤモンド社（2010）
- 『［図解］わかる！マーケティング』　ダイヤモンド社 編著／発行（2000）

【著者紹介】

大竹　裕幸
（おおたけ　ひろゆき）

<略歴>

　1952年宮崎県生まれ。1976年3月、旧大阪外国語大学（現大阪大学）外国語学部英語学科を卒業。同年4月、日本生命保険相互会社に入社。2013年3月に定年退職するまでの間、国際保険部、ニューヨーク事務所、国際金融部、公務部、東海財務部、首都圏財務部等にて勤務。その他、旧海外経済協力基金（現国際協力機構）、勤労者退職金共済機構、㈱ニッセイ基礎研究所、オーバーシーズ・プロジェクト・マネージメント・コンサルタンツ㈱へ出向。2014年9月、㈱スカイワード経営研究所設立。

<資格等>

　公益社団法人日本証券アナリスト協会検定会員、経営革新等支援機関認定申請中

【㈱スカイワード経営研究所】
（住所）〒150-0002　東京都渋谷区渋谷1-8-3　TOC 第一ビル7F
（TEL）03-6450-5393　（FAX）03-6450-5393
（MAIL）hootake090smri@yahoo.co.jp

カバーデザイン
勝美印刷株式会社

中小企業のための
新製品・サービス開発の極意

2014年（平成26年）11月19日　初版発行

著　者　　大竹　裕幸
©2014　　OTAKE Hiroyuki
発　行　　一般社団法人発明推進協会
発 行 所　　一般社団法人発明推進協会
　　　　　所在地　〒105-0001
　　　　　　　　　東京都港区虎ノ門2-9-14
　　　　　電　話　東京　03(3502)5433（編集）
　　　　　　　　　東京　03(3502)5491（販売）
　　　　　ＦＡＸ．東京　03(5512)7567（販売）

乱丁・落丁本はお取替えいたします。　　印刷：株式会社丸井工文社
ISBN978-4-8271-1245-0 C2034　　　　　Printed in Japan

本書の全部または一部の無断複写複製を
禁じます（著作権法上の例外を除く）。

発明推進協会ホームページ：http://www.jiii.or.jp/